富爸爸穷爸爸

〔美〕罗伯特·清崎 著

萧明 译

四川人民出版社

readers-club

北京读书人文化艺术有限公司
www.readers.com.cn
出 品

致中国读者的一封信

亲爱的中国读者：

你们好！

今年是《富爸爸穷爸爸》在美国出版20周年，其在中国上市也已经整整17年了。我非常高兴地从我的中国伙伴——北京读书人文化艺术有限公司（他们在这些年里收到了很多读者来信）那里了解到，你们中的很多人因为读了这本书而认识到财商的重要性，从而努力提高自己的财商，最终同我一样获得了财务自由。

我很骄傲我的书能够让你们获益。20年后的今天，世界又处在变革的十字路口。全球经济形势日益复杂，不断涌现的"黑天鹅事件"加剧了世界发展的不确定性，人们对未来充满迷茫，悲观主义情绪正在蔓延。

而对于你们，富爸爸广大的中国读者来说，除了受世界经济的影响，还要面对国内经济转型的阵痛，这个过程艰苦而漫长。当然，为了成就这种时代的美好，你必须坚持正确的选择，拥有前进的智慧和勇气。这就需要你努力学习。

最后，我还是要说，任何人都能成功，只要你选择这么做！

罗伯特·清崎

富人教他们的孩子财商，
而穷人和中产阶级从不这样做。

——〔美〕罗伯特·清崎

出版人的话

转眼间,"富爸爸"问世已20余年,与中国读者相伴也已近20年。在中国经济和社会蓬勃发展的20年间,"富爸爸"系列丛书的出版影响了千千万万的中国读者,有超过1000万的读者认识了富爸爸、了解了财商。在"富爸爸"的忠实读者中,既有在餐厅打工的服务员,也有执教讲堂的大学教授;既有满怀创业梦想的年轻人,也有安享晚年的退休人士。"富爸爸"的读者群体之广、之大,是我们不曾预料到的。

作为一套在中国风靡大江南北、引领国人创业创富的财商智慧丛书,"富爸爸"系列伴随和见证了千万读者的创富经历和成长历程,他们通过学习财商,已然成为中国的"富爸爸",这也是我们修订此书的动力。20年来,"富爸爸"系列也在不断地增加新的"家族成员",新书的内容也越来越贴合当下经济的快速发展以及国内风起云涌的经济大潮,我们也在十几年的财商教育过程中摸索出了一套适合国内大众群体的"MBW"财商理论体系,即从创富动机、创富行为习惯、创富路径三方面培养学员的财商,增强大家和财富打交道的积极意识,提高抗风险的能力。

曾有一位来自深圳的学员告诉我,他当年就是因为读了《富爸爸穷爸爸》一书,并通过系统的财商训练,才在事业上取得了巨大的成功。难能可贵的是,成功后的他并没有独享财富,而是将自己致富的秘诀——"富爸爸"财商理念分享给了更多想要创业、想要致富、想要成功的人。

在"富爸爸"的忠实读者群中，类似的成功故事还有很多很多。在"富爸爸"的影响下，每一位创富的读者都非常乐意向更多的朋友传授自己从财商训练中获得的成功经验。

值此"富爸爸"20周年之际，作者的最新修订版再次契合了时代的发展、读者的需要。在经济金融全球化的发展与危机中，作者总结过去、现在和未来财富的变化与趋势，并重温了富爸爸那些简洁有力的财商智慧，在中华民族伟大复兴的新时代，"富爸爸"系列丛书将结合财商教育培训，为读者带来提高财商的具体办法，以及在中国具体环境下的MBW创富实践理论。丛书的出品方北京读书人文化艺术有限公司将从图书、现金流游戏、财商课程等多角度多方面，打造出一个立体的"富爸爸"，不仅要从财商理念上引导中国读者，更要在实践中帮助中国读者真正实现财务自由。读者和创业者可以通过关注读书人俱乐部微信公众号，来了解更多有关"富爸爸"系列丛书和财商学习的信息。

正如富爸爸在书中所说，世界变了，金钱游戏的规则也变了。对于读者和创富者来说，也要应时而变，理解金钱的语言、学会金钱的规则。只有这样，你才能玩转金钱游戏，实现财务自由。

汤小明

读书人俱乐部

《富爸爸穷爸爸》是任何一个想掌握自己财务未来的人的起点。

——《今日美国》

献　词

致这世上所有的父母——每个孩子的第一位也是最重要的老师。
致那些教育、影响别人和以身作则的读者。

感　谢

　　当有太多的人需要感谢的时候，人们通常如何来表达"谢谢你"？显然，这本书就是我对于两位父亲表达的感谢，他们是我强大的榜样。也要感谢我的母亲，她教会我爱与善良。

　　还有对完成此书帮助最大的一个人，那就是我的妻子金——我婚姻、事业和生活的伴侣。她使我的生活变得完整。

目 录

- 1　后见之明
  20年后的今天
- 9　序　言

第一章
- 19　第一课　富人不为钱工作
- 65　讨论学习环节

第二章
- 75　第二课　为什么要教授财务知识
- 107　讨论学习环节

第三章
- 123　第三课　关注自己的事业
- 133　讨论学习环节

第四章
- 143　第四课　税收的历史和公司的力量
- 157　讨论学习环节

第五章

- 169　第五课　富人的投资
- 199　讨论学习环节

第六章

- 211　第六课　学会不为钱工作
- 231　讨论学习环节

第七章

- 241　克服困难
- 265　讨论学习环节

第八章

- 277　开始行动
- 305　讨论学习环节

第九章

- 323　还想要更多吗？这里有一些要做的事情
- 331　讨论学习环节

结束语

- 347　讨论学习环节

后见之明
20年后的今天

1967年6月1日,甲壳虫乐队发行专辑《佩伯军士的寂寞芳心俱乐部》。它一经推出,便获得巨大的商业成功,稳居英国唱片排行榜榜首整整27周,在美国同样居于第一位整整15周。《时代》杂志宣称此唱片为"音乐进步的历史性起点"。它赢得了1968年的四项格莱美奖项以及年度最佳专辑——这是第一张获此殊荣的摇滚专辑。

《富爸爸穷爸爸》在20年前就已发行,那是1997年4月8日,我50岁生日的时候。跟甲壳虫的故事不一样,这本书没有很快获得商业上的成功。恰恰相反,这本书发行后随之而来的是如风暴般的批评。

《富爸爸穷爸爸》最初是由我自行出版,因为每一个出版商都拒绝了我的出版请求。有些退稿通知还附带评论如"你自己都不知道你在说些什么"。我知道大部分的出版商都喜欢我受过高等教育的穷爸爸胜过富爸爸。他们不同意富爸爸的金钱观……穷爸爸也是如此。

20年后的今天

1997年,《富爸爸穷爸爸》是一个警示,是一本学习未来的书。

20年后,全球数以百万计的人们越来越意识到富爸爸的警示以及他关于未来的课程,这是20年的后见之明,很多人都说他的课程是有预示性的……预言实现了。其中一些课程是:

富爸爸第一课:"富人不会为钱而工作"

20年前,一些出版商拒绝出版我的书是因为他们并不认同富爸爸的第一课。

今天,人们越来越意识到富人和其他人之间的差距。在1993年到2010年期间,美国超过50%的国家收入都被1%的富人占有。在那之后,情况变得更糟。加利福尼亚大学的经济学家们发现,在2009年到2012年期间,95%的国家收入都进入了1%的富人的口袋。

课程总结:大部分增长的收入都流向企业家及投资者,而并非劳动者——那些为钱而工作的人们。

富爸爸课程:"储蓄是失败者所为"

20年前,绝大多数出版商强烈地反对富爸爸这个理念。对于穷人和中产阶级来说,"存钱"是他们的信仰,可将他们从贫穷中拯救出来，保护他们在这个残酷的世界中不受伤害。对于很多人来说，把储户称作"失败者"就像是在亵渎上帝之名一样。

课程总结：一张图胜过千言万语。请看这张为期120年的道琼斯工业指数图表，你会发现为什么储户会变成失败者以及他们是如何变成失败者的。

此图证明在这个新世纪的最初10年有三次巨大的股市崩盘，并详细地展示了这三次股市崩盘。

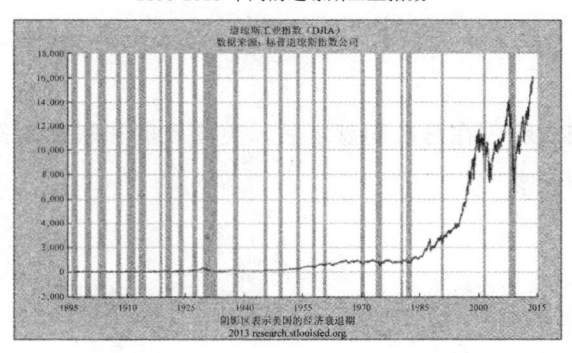

1895-2015年间的道琼斯工业指数

第一次崩盘是2000年左右的科技股崩盘。第二及第三次则是2007年的房地产市场崩盘，紧接着便是2008年的次贷危机。

1929年经济大萧条

当你拿21世纪最初的三次崩盘和1929年的经济大萧条相比

时，你会发现本世纪前三次的崩盘到底有多"大"。

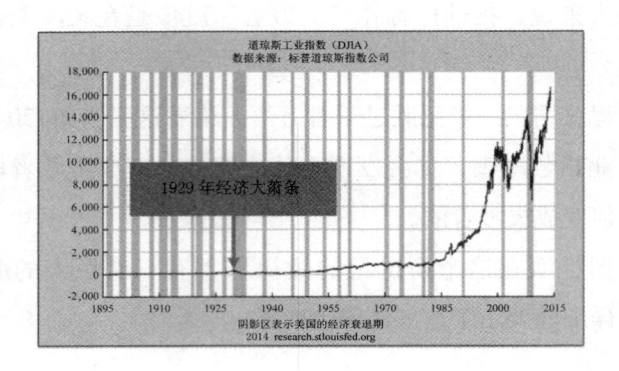

印钞票

下图表明，在每次崩盘之后，美国政府和联邦储备银行就开始"印钞票"。

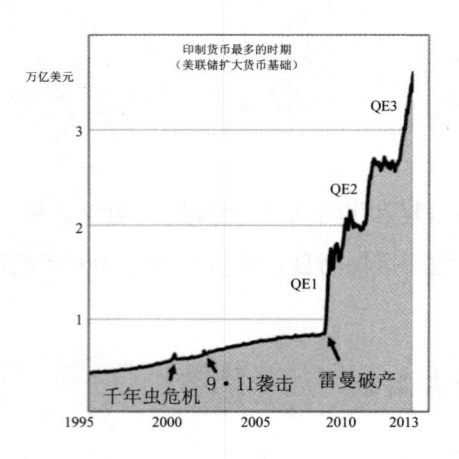

拯救富人

在2000年到2016年期间,打着拯救经济的名义,世界各地的银行开始降低利率和印制钞票。然而我们的领导们却要我们相信他们是在拯救世界,实际上,富人们只是在拯救自己,并没有将穷人和中产阶级拉上被拯救的列车。

今天,许多国家的利率都低于零,这也是说储蓄是失败者所为的原因。如今最大的输家是穷人和中产阶级,他们为钱工作,然后把钱存起来。

富爸爸课程:"你的房子并非资产"

20年前,在1997年,每个拒绝我的出版商都反对富爸爸这个理念"你的房子并非资产"。

10年之后,在2007年,当次贷者开始拖欠贷款的时候,全球房地产泡沫开始破裂,数百万的房产持有人以惨痛的代价发现了这个事实——他们的房子并非资产。

真正的问题

大部分人并不知道房地产市场的崩溃并不是真正的崩溃。

穷人并没有引起房地产市场的崩溃,那是富人们导致的。富人们设计了一系列衍生性金融产品——这些产品曾被沃伦·巴菲特称为"大规模杀伤性武器"。当这个大规模杀伤性武器爆炸的时候，房地产市场崩溃了……然后穷人们、次贷者们便受到谴责。

据估算，2007年大概有700万亿美元的金融衍生产品。

而今天，据估算仍有1200万亿美元的金融衍生产品。换句话说，实质性的问题正在变得更大，而不是更小。

富爸爸课程："为什么富人缴的税更少"

20年前，一些出版商批评《富爸爸穷爸爸》揭露了富人们少缴税的秘密。其中有一个人甚至说这些内容是违法的。

10年以后，在2007年，巴拉克·奥巴马总统再次参加竞选，对决前州长米特·罗姆尼。当奥巴马总统将个人收入的近30%用来缴税而米特·罗姆尼只缴低于13%的税的消息曝光后，米特·罗姆尼的支持率每况愈下，最终竞选失败。2016年，税收再一次成为美国总统竞选的焦点。

穷人和中产阶级并没有去寻找像米特·罗姆尼这样的人少缴税而不违法的原因，他们只是单纯地开始愤怒起来。

当某一总统候选人承诺减少穷人和中产阶级的税收时，实际上富人总是可以缴更少的税。富人缴更少的税的原因可以追溯到富爸爸的第一课："富人不会为了钱而工作。"只要一个人为了钱而工作，他就要缴税。

即使当总统候选人希拉里·克林顿承诺提高富人们的税收时，她也只是承诺提高那些高收入者的税——例如医生、演员以及律师——他们并不是真正意义上的富人。

20年前

虽然《富爸爸穷爸爸》没有像甲壳虫乐队的唱片一样很快获得成功,它却在2000年登上了《纽约时报》的畅销书排行榜,并且保持在畅销行列将近7年。同样是在2000年,奥普拉·温弗莉打来电话。我上了奥普拉的节目。整整一个小时,正如大家所说的,"接下来发生的事就众所周知了"。

《富爸爸穷爸爸》成为历史上最畅销的个人理财书籍,"富爸爸"系列图书已在全球范围内发行近4000万册。

真的有富爸爸吗?

无数人问过:"真的有富爸爸吗?"为了解开这个谜题,你可以收听一个由富爸爸的儿子迈克担任嘉宾的广播节目。登录Richdadradio.com你可以收听到这个节目。

富爸爸研究院

《富爸爸穷爸爸》写得通俗易懂,所以几乎所有人都能理解书中富爸爸的课程。

对于那些想要进一步学习的人,同时也作为对富爸爸20周年的庆祝，我写了另外一本书——《富爸爸为什么富人越来越富》。

《富爸爸为什么富人越来越富》更加深入细致地阐述了富爸爸曾经教给他儿子和我的关于金钱和投资的智慧。

《富爸爸为什么富人越来越富》是《富爸爸穷爸爸》留给准备进一步学习的人的，也是研究院留给富爸爸的学生的。

是警示，也是邀请

我尽力让《富爸爸为什么富人越来越富》这本书保持通俗易懂的风格，但这并不容易。解读富人们所做的需要真正意义上的财商教育，可惜的是，我们的学校至今未能提供这种教育。

我建议先阅读《富爸爸穷爸爸》，然后如果你想进一步学习，那么这本《富爸爸为什么富人越来越富》则是为你准备的。

感谢，伟大的20年

致所有的读者，过去的、现在的、将来的……
所有富爸爸公司的人都在说：
"感谢，伟大的20年！"
提升人类的金钱幸福指数是我们的使命，
一旦开始，便是一生。

序　言

> 两个爸爸都给我建议，这就为我提供了一个在截然不同的观念间进行选择的机会，即选择富人的观念或穷人的观念。

我有两个爸爸，一个富，一个穷。一个受过良好的教育，聪明绝顶，拥有博士头衔，曾经没用两年就修完了4年的本科学业，随后又在斯坦福大学、芝加哥大学和西北大学深造，并都拿到了全额奖学金；但另一个却连八年级[①]都没能念完。

两个爸爸的事业都相当成功，而且一辈子都非常勤奋。他们都有着丰厚的收入。然而其中一个人终其一生都在个人财务问题的泥沼中挣扎，另一个人则成了夏威夷最富有的人之一。一个爸爸去世后为家人、慈善机构和教堂留下了数千万美元的遗产，而另一个爸爸只留下一些待付的账单。

---

① 在美国大多数州义务教育的学制与我国不同，小学为5年，初中为3年，高中为4年。八年级即初中的最后一年。

两个爸爸都是那种意志坚强、富有魅力、具有影响力的人。他们都曾给我建议，但建议的内容并不相同；他们也都深信教育的力量，但推荐给我的课程却从不一样。

如果我只有一个爸爸，那么对于他的建议我可以选择接受或者拒绝；但两个爸爸都给我建议，这就为我提供了一个在截然不同的观念间进行选择的机会，即选择富人的观念或穷人的观念。

对于富爸爸和穷爸爸的观念，我并不简单地接受或拒绝，我发现自己有更多的思考，在它们之间进行了比较，再为自己做出选择。但问题是，在给我建议的时候，富爸爸还不算富有，穷爸爸也并不贫穷，他们的事业都刚刚起步，都在为钱和家庭而奋斗。然而，他们对钱的理解却迥然不同。

例如，一个爸爸会说："贪财乃万恶之源。"而另一个爸爸却说："贫穷才是万恶之本。"

当时我还只是一个小男孩，拥有两个对我同样有影响力的爸爸可不是一件好应付的事。我想成为一个听话的好孩子，但两个爸爸的话却完全不同。他们的观点正好相反，尤其在涉及金钱的问题上更是如此，这让我既好奇又迷惑。我开始花很多时间思考他们每个人讲的话。

我花了很多时间思考，问自己诸如"他为什么那样说"之类的问题，然后又对另一个爸爸的话提出同样的疑问。如果只是说"噢，他是对的，我同意"，或是说"他不知道自己在说什么"应该是很容易的事。相反，拥有两位我深爱的父亲，这促使我去思考，最终为自己选择其中一种思维方式。这一过程是我自己去选择而不是简单地接受或否定的过程，在后来的漫长岁月中被证明对我非常有益。

富人之所以越来越富，穷人之所以越来越穷，中产阶级之所以总是在债务的泥潭中挣扎，其中一个主要原因就是，他们对金钱的认识不是来自学校，而是来自家庭。大多数人都是从父母那儿了解钱是怎么回事的。关于金钱，贫穷的父母能够教给孩子们什么呢？他们只会说："在学校里要好好学习喔。"结果，他们的孩子可能会以优异的成绩毕业，但同时也秉承了穷人的理财方式和思维习惯。这是孩子们在很小的时候就从父母那里学到的。

遗憾的是，学校并没有开设有关"金钱"的课程。学校教育只专注于学术知识的传授和专业技能的培养，却忽视了理财技能的培训。所以众多精明的银行家、医生和会计师在学校时成绩优异，可还是要一辈子在财务问题上挣扎。美国岌岌可危的债务问题在很大程度上也应归因于那些政治家和政府官员们做出的财务决策，他们虽然受过高等教育，但很少甚至几乎没有接受过理财方面的培训。

20年后的今天
债务钟

快速翻过20年的历史，美国的国债是很惊人的。在发布时，它接近20万亿美元，注意是万亿。

今天我常常在想，当数百万人需要经济和医疗援助时该怎么办？当然，他们可以得到家人的支持和政府的救助。可是，当医疗保险和社会保险都用完时又该怎么办？如果我们继续把教孩子理财的重任交给那些濒于贫困边缘或已陷入贫困境地的父母，我们的国家又该怎么发展下去？

  由于我有两位极具影响力的爸爸，所以我从他们两人身上都学到了很多东西。我不得不思考每个爸爸的建议，在我把这些建议付诸实际的同时，我认识到有一点很重要，那就是一个人的观念对他的一生影响巨大。例如，我的一个爸爸总是习惯说"我可付不起"，而另一个爸爸则禁止我们说这样的话，他坚持让我这样说："我怎样才能付得起？"这两句话，一句是陈述句，另一句是疑问句。一句让你放弃，而另一句则促使你去想办法。我那个在不久之后就富起来的爸爸解释，当你下意识地说出"我付不起"的时候，你的大脑就会停止思考；而如果你自问"我怎样才能付得起"，则会让你的大脑动起来。当然，他的意思并不是让你把每件想要的东西都买到手，这里只是强调要不停地锻炼你的大脑——它是世界上最强大的"计算机"。富爸爸说："我的大脑越用越活，大脑越活，我挣的钱就越多。"他认为，下意识地说"我可付不起"意味着精神上的懒惰。

  虽然两个爸爸工作都很努力，但我注意到，在遇到钱的问题时，一个爸爸习惯于逃避，另一个爸爸则总是想办法解决问题。长此以往，其结果就是，一个爸爸的理财能力越来越弱，而另一个爸爸的理财能力则越来越强。这种结果类似于一个经常去健身房锻炼的人与一个总坐在沙发上看电视的人在体质上的不同变化。适当的体育锻炼可以增加获得健康的机会，同样，适当的脑力训练可以增加获得财富的机会。

两个爸爸的观念完全不同，这又决定了他们有不同的思考方式。一个爸爸认为，富人应该多缴税去照顾那些相对不幸的人；另一个爸爸则说："税是惩勤奖懒。"

一个爸爸劝我："努力学习吧，那样你就能去好公司工作。"而另一个爸爸则说："努力学习吧，那样你就能发现一家好公司并收购它。"

一个爸爸说："我不富有，因为我有孩子。"而另一个爸爸则说："我必须富有，因为我有孩子。"

一个爸爸提倡在餐桌上讨论钱和生意，而另一个爸爸则禁止在吃饭时谈论这些话题。

一个爸爸说："当涉及钱的时候要小心，别去冒险。"而另一个爸爸则说："要学会管理风险。"

一个爸爸认为"房子是最大的投资和资产"，而另一个爸爸则相信"房子是负债，如果你的房子是你最大的投资，你就有麻烦了"。

20年后的今天
你的房子不是资产

2008年的房地产市场危机释放了一个很明显的信号——你的个人住所不是一种资产。它不仅没有把钱放进你的口袋，也不被指望会升值。2017年的许多房屋都不如2007年值钱。

两个爸爸都会准时付账，但不同的是：一个预先支付账单，而另一个到限期才支付账单。

一个爸爸相信政府和公司会关心和满足人们的需求。他总是很关心加薪、退休政策、医疗补贴、病假、假期以及津贴这类事情。他有两个参军的叔叔，在服役20年后获得了退休金和终身保障，这让他深受影响。他很喜欢军队向退役人员发放医疗补贴和开办福利社的做法，也很喜欢大学里的终身聘任制。对他而言，职业保障和职位补贴有时甚至比职业本身更重要。他经常说："我辛辛苦苦为政府工作，我有权享受这些待遇。"

另一个爸爸则信奉完全的经济自立，他反对这种"理所应当"的心理，认为正是这种心理造成了人们的软弱、贫穷。他特别重视理财的能力。

一个爸爸努力存钱，另一个爸爸则不断投资。一个爸爸教我怎样去写一份让人印象深刻的简历，以便找到一份好工作；另一个爸爸则教我写下雄心勃勃的事业规划和财务计划，进而创造创业的机会。

作为两个意志坚定的爸爸的"杰作"，我有幸了解到不同的观念怎样带来不同的人生。我发现人们的思想确实可以决定他们的生活。

例如，我的穷爸爸总是说："我永远也不会成为富人。"于是这句话就成了事实。而我的富爸爸恰恰相反，他总是把自己说成是一个富人。他会这样说："我是一个富人，富人不会这么做。"

甚至当一次严重的经济挫折使他一文不名后,他仍然把自己当作富人。他会这样安慰自己:"贫穷和破产的区别是:破产是暂时的,而贫穷是永久的。"

我的穷爸爸也会说"我对钱不感兴趣"或"钱对我来说并不重要",而我的富爸爸则说"金钱就是力量"。

尽管思想的力量无法测量或评估,但当我还是一个孩子时,我就已经知道,明白自己内心的想法,也知道如何表达自己是多么重要。我注意到穷爸爸之所以穷,不在于他挣钱的多少(尽管这也很重要),而在于他的想法和行为。因为拥有两个爸爸,我敏锐地觉察到要小心地选择和利用其中一种观念。我到底应该听谁的:是富爸爸还是穷爸爸?

尽管两个爸爸都高度重视教育和学习,但两人对于什么才是最应该学习的看法却不同。一个爸爸希望我努力学习,获得学位,找个工资高的好工作。他希望我能成为一名专业人士,例如律师、会计师,或者去商学院读MBA。另一个爸爸则鼓励我学习成为富人,了解钱的运动规律并让钱为我工作。"我不为钱工作",这句话他说了一遍又一遍,"我要让钱为我工作"。

> 贫穷和破产的区别是:破产是暂时的,而贫穷是永久的。

在我9岁那年,我最终决定听从富爸爸的话并向他学习有关钱的知识。同时,我决定不听穷爸爸的,即使他拥有那么多大学学位。

罗伯特·弗罗斯特的教诲

罗伯特·弗罗斯特是我最喜欢的诗人,他的许多诗我都很喜欢,不过最爱的还是下面这首《未选之路》。从诗中受到的启发我几乎每天都要用到:

未选之路[①]

林中两路分,可惜难兼行。
游子久伫立,极目望一径。

蜿蜒复曲折,隐于丛林中。
我选另一途,合理亦公正。

草密人迹罕,正待人通行。
足迹踏过处,两路皆相同。

两路林中伸,落叶无人踪。
我选一路走,深知路无穷。

我疑从今后,能否转回程。

[①] 此诗为关山译。

数十年之后，谈起常叹息。

　　林中两路分，一路人迹稀。
　　我独选此路，境遇乃相异。

　　选择不同，命运也会不同。

　　这些年来，我时常回味这首诗。选择不接受受过高等教育的爸爸关于钱的态度和建议，这是一个痛苦的决定，但这个决定塑造了我的人生。

　　一旦决定了要听从谁的建议，我的关于金钱的教育就开始了。富爸爸教了我30多年，直到我39岁为止。他一直努力向我那愚笨的头脑灌输东西，当他意识到我已经懂得并完全理解了，就不再给我上课了。

　　钱是一种力量，但更有力量的是财商教育。钱来了又会去，但如果你了解钱是如何运动的，你就获得了驾驭它的力量，就能开始积累财富了。大多数人光想不干，原因是他们在接受学校教育时并没有掌握钱的运动规律，所以他们终生都在为钱工作。

　　我开始学习金钱这门课程时只有9岁，因此富爸爸教我的东西都非常简单。他把所有想教给我的东西说完、示范完，概括起来也只有6门主要的课程，在过去的30多年中，我们一直在重复和加强这些课程。本书就教授了这6门课程，我尽可能使它像当年富爸爸教我时那样简单。这些课程并不仅仅意味着提供答案，它们也是路标。无论这个充满不确定性和飞速变化的世界会发生什么事情,这些路标都能帮助你和你的孩子、你的家人积累财富。

第一课　　富人不为钱工作
第二课　　为什么要教授财务知识
第三课　　关注自己的事业
第四课　　税收的历史和公司的力量
第五课　　富人的投资
第六课　　学会不为钱工作

第一章

第一课　富人不为钱工作

> 穷人和中产阶级为钱而工作。富人让钱为他工作。

"爸爸，你能告诉我怎样才能变得富有吗？"

爸爸放下手中的晚报，问道："你为什么想变富有呢，儿子？"

"因为基米的妈妈会开一辆新凯迪拉克带基米去海滨别墅度周末。基米说要带3个朋友去，但他没有邀请我和迈克，他说这是因为我们是穷孩子。"

"他们真的这么说？"爸爸不相信地问。

"是啊，他们就是这么说的！"我用一种受伤的语调答道。

爸爸默默地摇了摇头，把眼镜往鼻梁上推了推，然后又继续看报纸了。我站在那儿等着答案。

那是1956年，当时我才9岁。由于命运的捉弄，我进了一所公立学校，里面多数学生是富人的孩子。我们这个镇是由夏威夷最初的甘蔗种植园发展起来的。种植园主和镇上其他有钱人，比如医生、公司老板、银行家，都把孩子送进了这所学校。六年级之后这些孩子通常会被送进私立学校。因为我家住在街的这一边，所以我进了这所学校。如果我家住在街的另一边，我就会去另外一所学校，和那些与我出身差不多的孩子在一起上学。上完六年级之后，我们这些穷孩子会去上公立中学。镇上没有为我们设立的私立中学。

爸爸终于放下了报纸，我敢说他刚才一定是在思考我的话。

"哦，儿子，"他慢慢地开口了，"如果想富有，你就必须学会挣钱。"

"那么怎么挣钱呢？"我问。

"用你的头脑，儿子。"他说着，并微笑了一下，其实我知道这种微笑意味着"我要告诉你的就这些"，或者"我不知道答案，别为难我了"。

建立合伙关系

第二天一早，我就把爸爸的话告诉了我最好的朋友迈克。我和迈克可以说是学校里仅有的两个穷孩子。他进这所学校和我一样是由于命运的捉弄。要是有人在学校里划分一条明确的界限，那么我和迈克在和那些有钱的孩子相处时就不会那么局促不安了。其实我们并非真的很穷，但我们感觉很穷，因为其他男孩都有新棒球手套、新自行车，他们的东西都是新的。

爸爸妈妈为我们提供了生活所需的基本用品,像吃的、住的、穿的,但也仅此而已。我爸爸常说:"想要什么东西,自己挣钱买去。"我们想自己挣钱买东西,但确实没有什么工作可以提供给像我们这样的9岁孩子。

"我们怎样才能挣到钱呢?"迈克问。

"我不知道,"我说,"你想跟我合伙吗?"

迈克同意了,于是,在一个星期六的早晨,他成了我生平第一个创业伙伴。整个早上我们都在想怎么挣钱,偶尔我们也会谈起那些"冷酷的家伙"正在基米家的海滨别墅里玩乐。这实在有些伤人,但却是好事,因为它激励我们继续努力去想挣钱的法子。最后,到了下午,一个念头在我们的头脑中闪过,这是迈克从以前读过的一本科普书里得到的启发。我们兴奋地握手,现在我们的合伙终于有了业务内容。

在接下来的几星期里,迈克和我跑遍了街坊四邻,敲开他们的门问他们是否愿意把用过的牙膏皮攒下来给我们。虽然大人们很迷惑,但大多数人还是微笑着答应了。有的人问我们要做什么,我们的回答是:"我们不能告诉您,这是商业秘密。"

几星期过去了,我妈妈变得越来越心烦,因为我们选了靠近洗衣机的地方存放我们的原料。在一个曾用来装番茄酱瓶子的棕色纸盒里,用过的牙膏皮堆得越来越多。

看到邻居们那些脏乱、卷曲的废牙膏皮都到了她这儿,妈妈最后终于采取了行动。"你们两个到底想要干什么?"她问,"我不想再听到'商业秘密'之类的话,赶快处理掉这些脏东西,否则我就把它们全扔出去!"

迈克和我苦苦哀求,解释说我们已经快攒够了,然后我们就会开始生产。我们告诉她我们正在等一对邻居夫妇用完牙膏,如此一来,我们就可以拿到他们的牙膏皮了。妈妈答应我们延期一周。

我们开始生产的日期提前了。我们的身上承担着压力。我的第一次合作关系,由于货仓收到了妈妈的禁令而受到威胁。迈克的工作变成了告诉邻居们快些用完他们的牙膏,说他们的牙医提倡更频繁地刷牙,我则开始组装生产线。

一天,爸爸载着一个朋友,来看两个9岁的男孩在车道上合力操纵一条全速运转的生产线。到处都是白色的细粉末。在一个长桌上放着几个我们从学校拿回来的装牛奶的纸盒以及家里烤肉用的小炭炉,小炭炉已经被发红的炭烤得闪着红光。

爸爸小心地走过来,由于生产线挡住了通往车库的去路,所以他不得不把车停在路边。当他和他朋友走近时,看到一口钢锅架在炭上,里面的废牙膏皮正在熔化。那时候,牙膏皮不是塑料做的,而是铅制的。所以一旦牙膏皮上的涂料被烧掉后,铅皮就会熔化,直到变成液体,这时我们就用妈妈的锅垫垫着,将铅液从牛奶盒顶的小孔中倒进去。

牛奶盒里装满了熟石灰,白色粉末撒了满地。由于我一时忙乱,打翻了装熟石灰的袋子,所以弄得整个场地像是被暴风雪袭击了一样。牛奶盒就是熟石灰模的容器。

爸爸和他的朋友注视着我们小心翼翼地把铅液注入熟石灰模

顶部的小孔中。

"小心!"爸爸说。

我顾不上抬头,只是点了点头。

最后,当溶液全部倒入熟石灰模后,我放下钢锅,向爸爸绽开了笑脸。

"你们在干什么?"他带着一丝不解的微笑问道。

"我们正在按照你说的做,我们就要变成富人了!"我说。

"是的,"迈克说,他一边点头一边咧嘴笑着,"我们是合伙人。"

"这些熟石灰模子里是什么东西?"爸爸问。

"看,"我说,"这是已经铸好的一批。"

我用一个小锤子敲击外面的密封物,熟石灰模子被敲成两半,我小心地抽掉熟石灰模的上半部,一个铅制的五分硬币便掉了下来。

"噢,天啊,"爸爸惊呼道,"你们用铅造硬币!"

"对啊,"迈克说,"我们正按照你告诉我们的去做。我们正在赚钱。"

爸爸的朋友转过身去纵声大笑,爸爸则微笑着摇着头。除了一堆火和一盒子废牙膏皮,他面前还站着两个灰头土脸的小男孩,他们正咧着嘴笑着。

爸爸让我们放下手里的东西和他坐到屋外的台阶上,然后他微笑着向我们耐心地解释"伪造"一词的含义。

我们的梦想破灭了!"你的意思是说这么做是违法的?"迈克

用颤抖的声音问道。

"别去管他们了，"爸爸的朋友说，"这也许是在展现他们的天赋呢。"

我爸爸瞪了他一眼。

"对，这是违法的。"爸爸温和地说，"但是，你们刚才展示了巨大的创造性和新颖的想法，继续努力，我真为你们感到骄傲。"

失望之中，迈克和我呆坐了大约20分钟才开始收拾残局。我们的生意在开始的第一天就结束了。在我清扫熟石灰粉时，我看着迈克，对他说："我猜基米他们是对的，我们是穷人。"

爸爸正要离开时听到了我的话，"孩子们，"他说，"如果你们放弃了，你们就只能是穷人了。最重要的是你们已经尝试了。大多数人只是夸夸其谈，梦想着发财致富，而你们已经付出了行动。我真为你们骄傲，我要再说一遍：继续努力，不要放弃。"

迈克和我默默地站在那儿，这些话听起来不错，但我们仍然不知道应该做些什么。

"那你为什么不是富人呢，爸爸？"我问。

"因为我选择了当一名老师。老师不该去想怎么发财。我们就是喜欢教书。我希望我能帮你们，但我真的不知道怎么才能赚大钱。"

迈克和我转过身去继续清理现场。

"我了解，"爸爸说，"如果你们想知道如何致富，不要问我，去和你爸爸谈谈，迈克。"

"我爸爸?"迈克苦着一张脸问道。

"对,你爸爸。"爸爸微笑着重复道,"你爸爸和我聘请同一个银行经理,他对你爸爸非常崇拜。他对我提过好几次,说你爸爸在赚钱方面是个天才。"

"我爸爸?"迈克难以置信地问,"那我家为什么没有好车和大房子,就像学校里的那些有钱的孩子家那样呢?"

"拥有好车和大房子不见得就意味着你很富有或你懂得如何赚钱,"我爸爸答道,"基米的爸爸为甘蔗种植园工作。他和我并没有什么不同,他为公司工作而我为政府工作,是公司为他买了那辆车。甘蔗种植园正处于财务困境之中,基米的爸爸过不了多久可能就什么都没有了。但你爸爸不同,迈克。他似乎正在建立一个帝国。我想也许几年之后他就会成为一个非常富有的人。"

听完这番话,我和迈克又兴奋起来了。我们身上充满了干劲,开始清理首次失败的生意所造成的混乱局面。我们一边清理一边制订了一个与迈克的爸爸谈话的计划,例如:该怎样谈,何时谈。问题在于迈克的爸爸工作时间很长,并且经常很晚才回家。他爸爸拥有一个货仓,一家建筑公司,一些连锁商店和3个餐馆。他到很晚才能回家。

在我们清理完之后迈克坐公共汽车回家了。他会在他爸爸晚上回家后和他谈,问他爸爸是否愿意教我们赚钱。迈克答应我,无论多晚,他和他爸爸一谈完就给我电话。

晚上8点30分,电话响了。

"好的,"我说,"下星期六。"我放下了电话,迈克的爸爸同意与我们会面。

星期六,我坐上了早上7点30分的公共汽车,向小镇上比较穷困的街区驶去。

课程开始了

我和迈克在那天上午8点与他的爸爸会面了。他已经开始忙碌了,而且在这之前他已经工作了1个多小时。当我走进富爸爸那简朴、窄小而整洁的家时,他的项目监理人刚开着小卡车离开。迈克站在门口迎接我。

"我爸爸正在打电话,他让我们在门廊后面等着。"迈克边开门边说。

当我跨过这座老房子的门槛时,旧木地板发出"吱吱嘎嘎"的响声。门里面地板上有个破旧的垫子,垫子放在这里是为了隐藏无数脚步经年累月在这块地板上留下的痕迹,它虽然很干净,但还是该换了。

当我走进狭小的客厅时有些害怕,里面塞满了陈旧、发霉而厚重的家具,它们早该成为收藏品了。有两个女人坐在沙发上,她们的年纪比我妈妈大一些,在她们的对面坐着一个穿工作服的男人。他穿着卡其布的衬衫和裤子,衣服烫得很平整,但没有浆过,他手上拿着磨得发光的工作簿。他比我爸爸大10岁左右的样子。当我和迈克经过他们身边向后面的门廊走去时,他们冲我们微笑，我也有点腼腆地冲他们笑笑。

"他们是什么人？"我问迈克。

"噢，他们是给我爸爸干活的。那个年纪稍大的男人负责管理货仓，那两个女人是餐馆的经理。刚才在门口你看到的是项目监理人，他在离这儿80千米远的一个公路项目中工作。他的另外一个项目监理人正在负责房地产的项目，不过他在你到这儿之前就已经走了。"

"每天都是这样的吗？"我问。

"并不总是，但经常是这样忙的。"迈克笑了笑，拉了一张椅子坐在我身边。

"我问我爸爸愿不愿意教我们挣钱。"迈克说。

"哦，那他怎么说？"我急切地问。

"嗯，开始时他露出一种很想笑的表情，然后他说会给我们一个建议。"

"太好了！"我说着，用椅子的两个后腿撑着，把椅子靠着墙翘起来。

迈克也学着我这么做。

"你知道是什么建议吗？"我又问。

"不知道，但很快就知道了。"迈克说。

突然，迈克的爸爸推开那扇摇摇晃晃的纱门走进了门廊，迈克和我跳了起来，不是出于尊敬而是因为被吓了一跳。

"准备好了吗，孩子们？"迈克的爸爸一边问一边拉过椅子坐到我们旁边。

我们点了点头，把椅子扶正在他面前坐下。

他也是个大块头，身高大约有1.8米，体重90千克。我爸爸比迈克的爸爸大5岁，他的个子要更高一些，但他们的体重差不多。他们看上去很像同一类人，但气质不同。也许他们的力气都那么大。

"迈克说你们想学赚钱，对吗，罗伯特？"

我赶紧点了点头，但心里有点儿忐忑。在他的微笑和话语的背后似乎隐藏着很强的力量。

"好吧，我说说我的建议：我会教你们，但不像在学校那样。你们为我工作，否则我就不教。因为通过工作我可以更快地教会你们。如果你们只想坐着听讲，就像在学校里一样，那我就是在浪费时间。这就是我的建议，你们可以接受也可以拒绝。"

"嗯……我可以先问个问题吗？"我问。

"不能，你只能告诉我是接受还是拒绝。因为我有太多的事要做，不能浪费时间。如果你不能下定决心，就永远也学不会如何赚钱。机会总是转瞬即逝。知道什么时候要迅速做出决定是一项非常重要的技能。现在你有一个你想要的机会，但你想进入的这所学校会在10秒钟内开学或者关门。"迈克的爸爸说，脸上带着揶揄的微笑。

"接受。"我说。

"接受。"迈克也说。

"好！"迈克的爸爸说道，"马丁夫人会在10分钟内到这儿。等我和她办完事后，你们就和她坐车去我的小超市，然后就可以开始工作了。我每小时付给你们10美分，你们每周六工作3个小时。"

"但我今天有一场棒球比赛！"我说。

迈克的爸爸压低声调，用严厉的语气说："接受或者拒绝。"

"我接受。"我回答道，我决定去工作和学习，不去打棒球了。

20年后的今天
决断性

世界发展正在变得越来越快。股市交易都以毫秒计。交易在几分钟内即可上网。越来越多的人在竞争好买卖。所以你做出决定的速度越快，抓住机会的可能性就越大——当然是在别人做决定之前。

30美分以后

从那天早上9点起，迈克和我正式开始给马丁夫人干活了。马丁夫人是一个慈祥而有耐心的人，她总是说迈克和我使她想起她的两个长大的儿子。马丁夫人虽然很慈祥，却强调工作应该努力，她让我们不停地干活。3个小时里，我们把罐装食品从架子上拿下来，用羽毛掸掸去每个罐头上的灰尘，然后重新把它们码好。这工作真的很乏味。

迈克的爸爸，就是我称为"富爸爸"的那一位，拥有9个这样的小型超市，它们是像"7－11"那样的便利店的雏形，当时除了这些小型超市以外附近几乎没有可以买到牛奶、面包、黄油和香烟的杂货店，所以生意还不错。问题是，这是在还没有普遍使用空调的夏威夷，由于炎热，商店不可能关上门。而店的两边有许多停车位，每当一辆车开过或驶进车位，灰尘就漫天扬起飘入店内。

于是，在还没有空调的时代，我们就有事可干了。

此后的3个星期中，每星期六迈克和我向马丁夫人报到并在她那儿工作3小时。中午以前，我们的工作就结束了，她就在我们每人的手中放下3枚硬币。即使是在50年代中期，对于9岁的男孩来说，30美分也并不十分令人激动，因为就算买一本连环画也得花上10美分呢。

第四个星期的星期三，我决定要退出。我答应工作是因为想跟迈克的爸爸学习赚钱，而现在我成了每小时10美分的奴隶。更糟糕的是，自从第一个星期六后我就一直没见到过我们的赚钱老师——迈克的爸爸。

"我要退出。"吃午饭的时候我对迈克说。学校的午饭无聊透了，上课也没劲儿，而且我现在几乎一点也不盼着过星期六了。因为对我而言，现在每个星期六换来的仅仅是30美分。

迈克得意地笑了。

"你笑什么？"我既沮丧又气恼。

"我爸说早料到你会退出，他说如果你不想干了就让我带你去见他。"

"什么？"我觉得自己被耍了，于是气愤地问，"他早就在等我去找他？"

"是的，我爸爸可不是一般人，他跟你爸的教育方法不一样。你爸你妈说得多，我爸说得少，不过他早就猜到你会这么说了。你要等到这个星期六，我会告诉他你已经准备好了。"

"你是说我被耍了？"

"不，还不肯定，但有可能。我爸爸会在星期六说明的。"

星期六的排队等候

我已经准备好要面对迈克的爸爸，就连我的亲爸爸也生气了。我的亲爸爸，我叫他穷爸爸，认为我的富爸爸违反了《童工法》，应该受到调查。

我爸爸要我去争取应有的待遇。每小时至少应该得到25美分。爸爸说如果我得不到加薪，就应该立即辞职。

爸爸气愤地说："你根本就不需要那份该死的工作。"

星期六早上8点，我又穿过了迈克家那扇摇晃着的纱门。

"坐下等着。"我一进门迈克的爸爸就对我说，说完便转身消失在卧室边的小办公室里。

我环视整个房间，没看见迈克，我感到有些局促，小心地坐到了沙发上，4个星期前我见过的那两个女人笑着给我挪出了点地方。

45分钟过去了，我开始生气了。那两个女人已经见了迈克的爸爸，并且在30分钟之前就离开了。那个年纪大的男人待了20分钟也办完事走了。

一个小时过去了，那天阳光灿烂，我却坐在阴暗、发霉的客厅里，等待着和一个剥削童工的吝啬鬼谈判。我能听见他在办公室里走动、打电话，但他就是不理我。我很想出去，但不知为什么我还是留下来了。

最后，又过了15分钟，正好9点，富爸爸终于走出了他的办公室。他什么也没说，用手示意我跟着他去那间阴暗的办公室。

"你要求加薪,否则你就不干了？"他边说边把椅子转来转去。

"你不讲信用！"我脱口而出，眼泪差点掉下来。让一个9岁的小男孩去面对一个成年人是会觉得有点害怕。

"你说过如果我为你工作，你就会教我。好，我给你干活，我工作努力，我还放弃了棒球比赛，而你却说话不算数，你什么也没教我！就像镇上人说的，你是一个骗子，你贪心。你就想挣钱，却毫不关心你的雇员。你一点儿也不尊重我，让我等了这么久。我只是个小孩，我应该得到优待！"

富爸爸往转椅里一靠，手摸着下巴盯着我，好像在研究我。

"不错，"他说，"还不到1个月，你已经有点像我的其他雇员了。"

"什么？"我问。我不明白他的话，心里更加委屈了。"我想你会如约教我，你却折磨我。这太残忍了，真的太残忍了！"

"我正在教你。"富爸爸平静地说。

"你教我什么了？什么也没有！"我生气极了，"自从我为那几个小钱干活以来，你甚至都没和我说过话！10美分1小时！哈，我应该到政府那儿告你！你知道，我们有《童工法》，我爸爸可是为政府工作的。"

"哇！"富爸爸叫道，"现在你看上去就像大多数给我干过活的人了，他们要么被我解雇要么辞职不干了。"

"你还有什么可说的？"我说道。作为一个孩子，我觉得自己很有勇气。"你骗了我，我为你工作，而你不守信用，什么都没教我。"

"你怎么知道我什么都没教你？"富爸爸平静地问。

"你从来没和我谈过话，我已经干了3个星期，而你什么也没教给我。"我噘着嘴说。

"教东西一定要说或讲吗？"富爸爸问。

"是呀。"我回答道。

"那是学校教你们的法子，"他笑着说，"但生活可不是这样教你的。我得说生活才是最好的老师。大多数时候，生活不会和你说什么，它只是推着你转，每一次推，它都像是在说：'喂，醒一醒，我要让你学点东西。'"

20年后的今天
学习金字塔

埃德加·戴尔帮助我们了解到我们通过行动——实践或模拟，才能学得最好。有时它被称为体验式学习。戴尔和他的学习金字塔理论告诉我们，阅读和讲座是学习效果最差的方式。然而，我们都知道大多数学校的教学都是采用阅读和讲座的形式。

"这家伙在说什么呀?"我暗自问自己,"生活推着我转就是生活在对我说话?"现在我知道我必须辞职了,我正在和一个应该被锁起来的家伙说话。

但富爸爸仍在说:"假如你学会了生活这门课程,做任何事情你都会游刃有余。如果你学不会,生活照样会推着你转。人们通常会做两件事,一些人在生活推着他转的同时,抓住生活赐予的每个机会;而另一些人则非常生气,去与生活抗争。他们与老板抗争,与工作抗争,甚至与自己的配偶抗争,他们不知道生活同时也给了他们机会。"

学习金字塔

两周后我们还能记住多少		参与程度
说过和做过的还能记住90%	实战	主动
	模拟	
	做一次令人印象深刻的报告	
说过的还能记住70%	发表一次演讲	
	参与讨论	
听过和看过的还能记住50%	现场观摩	被动
	观看演示	
	看展览、观看演示	
	看视频	
看过的还能记住30%	看图片	
听过的还能记住20%	听演讲	
读过的还能记住10%	阅读	

资料来源:改编自戴尔的学习金字塔(1969)

我还是不太明白富爸爸的话。

"生活推着我们所有的人，有些人放弃了，有些人在抗争。少数人学会了这门课程，取得了进步，他们欢迎生活来推动他们，对他们来说，这种推动意味着他们需要并愿意去学习一些东西。他们学习，然后取得进步。但大多数人放弃了，还有一部分人像你一样在抗争。"

富爸爸站起来，关上了那扇嘎吱直响的旧木窗户。"如果你学会了这门课程，你就会成为一个聪明、富有和快乐的人。如果你没有学会，你就只会终生抱怨工作、低报酬和老板，你终其一生希望有个大机会能够把你所有的钱的问题都解决。"

富爸爸抬眼看我是否在听。他的眼光与我的相遇，我们对视着，通过眼神进行着交流。最后，当我接收了他全部的信息后，我将眼睛转开了。我知道他是对的，我责备他，但是是我提出要学习的，我是在抗争。

富爸爸继续说："如果你是那种没有勇气的人，生活每次推动你，你都会选择放弃。如果你是这种人，你的一生

20年后的今天
生活就是教师

今天的千禧一代正在面临生活严峻的考验。工作更难找到，机器人取代了数百万的工人。从尝试和错误中学习变得越来越重要，而书籍学习在现实世界中越来越没价值，大学教育不再能保证一份工作。

会过得稳稳当当，不做错事、假想着有事情发生时自救，然后慢慢变老，在无聊中死去。你会有许多朋友，他们很喜欢你，因为你真的是一个努力工作的好人。但事实是，你向生活屈服了，不敢承担风险。你的确想赢，但失败的恐惧超过了成功的兴奋。只有你知道，在你内心深处，你始终认为你不可能赢，所以你选择了稳定。"

我们的眼光又相遇了。我们对视有10秒钟之久，直到相互明白了对方的心意。

"你一直想推动我？"我问。

"可以这样说，但我宁愿说我在让你品尝生活的滋味。"富爸爸笑道。

"什么生活的滋味？"我问，虽然余怒未消，但充满好奇，甚至有点想听他的教诲了。

"你们俩是最先请求我教你们赚钱的人，我有150多个雇员，但没有一个人问过我这个问题。他们只是要求工作和报酬，我从来没有教过他们关于金钱的知识。他们把一生中最好的年华用来挣钱，却不明白到底是为了什么而工作。"

我坐在那儿专心地听着。

"所以当迈克告诉我你们想学赚钱时，我决定设计一个和真实生活相近的课程。虽然我也可以讲得精疲力竭，但你们可能连一个字都听不进去，所以我决定让生活推着你们，这样你们就会记住我的话了，这也就是为什么我每小时只给你们10美分的用意。"

"那么，我又能从每小时10美分的工作中学到什么呢？"我

20年后的今天
改变你能改变的

从富爸爸的话中，我学到了真理和智慧。生活中的很多事情是我们无法控制的。我学会了专注于我所能控制的：我自己。如果事情必须改变，首先要改变的就是我自己。

问，"是说你很卑鄙，在剥削工人吗？"

富爸爸向后靠去并开心地笑了起来，然后他说："你最好改变一下观点，停止责备我，不要认为是我的问题。如果你认为是我的问题，你就会想改变我；如果你认为问题在你那儿，你就会改变自己，学习一些东西让自己变得更聪明。大多数人认为世界上除了自己外，其他人都应该改变。让我告诉你吧，改变自己比改变他人更容易。"

"我不明白。"我说。

"别拿你的问题来责备我。"富爸爸说，他开始有些不耐烦了。

"可你每小时只给我10美分。"

"那么你学到了什么？"他笑着问。

"你很卑鄙。"我顽皮地笑了笑。

"瞧，你还是觉得问题在我这儿。"富爸爸说。

"可的确是这样呀。"

"好吧，如果继续这种态度，你就什么都学不到。如果你仍认为问题在我这儿，你该怎么办？"

"嗯，如果你不提高我的工资，更尊重我并教我赚钱，我就辞职。"

"说得好，"富爸爸说，"大部分人会这么干，他们辞职，然后去找另一份工作，期望得到更好的机会、更高的报酬，他们认为这样会解决问题。在大多数情况下，这是不可能的。"

"那我该怎么做呢？"我问，"接受这可怜兮兮的每小时10美分还要报以微笑吗？"

富爸爸笑了。"有些人会这么做。但他们所做的也只是等待，等待加薪，因为他们认为更多的钱能解决问题。大部分人接受这样的工资，还有一些人会再找一份工作，仍旧干得很努力，但仍只能得到很少的报酬。"

我坐在那里，眼睛盯着地板，开始理解富爸爸给我们上的这一课。我感到这的确是生活的原味。最后，我抬起头问道："那么用什么来解决问题呢？"

"用这个，"他在椅子上前倾着身子，轻轻地拍了拍我的脑袋，说道，"用你两个耳朵之间的家伙。"

就在那一刻富爸爸和我分享了使他区别于他的职员和穷爸爸的最关键的东西——这使他最终成为夏威夷最富有的人之一。而我受过良好教育的爸爸则一生都在与财务问题抗争。富爸爸非凡的观念使他的一生都与众不同。

富爸爸不厌其烦地讲述这个观点，一遍又一遍，这就是我称之为"第一课"的内容。

穷人和中产阶级为钱而工作。富人让钱为他工作。

穷人和中产阶级为钱工作

在那个阳光明媚的星期六上午，我学习了一种与穷爸爸教给我的完全不同的观念。在我9岁的时候，我意识到两位爸爸都希望我去学习，鼓励我去研究，但研究的内容不同。

我那受过高等教育的爸爸建议我像他那样做。"儿子，我希望你努力学习，取得好成绩，这样你就能在大公司里找到一份稳定的工作，而且会收入不菲。"富爸爸却希望我去研究钱的运动规律，好让钱为我所用。

在他的指导下，我会在生活中而不是在教室里学习这些课程。

20年后的今天
资产大于收入

购买或创造提供现金流的资产能使你的钱为你工作。高薪工作只意味着两件事：你在为钱工作，你所支付的税收可能会增加。我已经学会了让钱为我工作，让税收优惠产生收入，而不是薪水。

富爸爸继续给我上第一课："我很高兴你为每小时10美分的报酬生气，如果你不生气而是简单地接受了，那我只能说我没法教你。你看，真正的学习需要精力、激情和热切的愿望。愤怒是其中一个重要的组成部分，因为激情正是愤怒和热爱的结合体。说到钱，大多数人都希望稳稳妥妥地挣钱，这样他们才感到安全。关于钱，他们没有激情，有的只是恐惧。"

"这就是他们接受低工资的原因?"我问。

"是呀,"富爸爸说,"有人说我剥削工人,因为我比甘蔗种植园和政府付给员工的薪水少。我说是他们自己剥削自己,罪魁祸首是他们的恐惧,而不是我。"

"但你不觉得你应该多给他们一点儿薪水吗?"我问。

"没这必要。而且,钱多了也解决不了问题。比如你爸爸,挣钱也不少,但仍会欠债。对大多数人而言,给他们的钱越多,他们欠的债也就越多。"

"这就是每小时10美分的原因,"我笑了,"课程的一部分?"

"没错。"富爸爸也笑了,"你瞧,你爸爸上了大学而且受到很好的教育,所以他有希望得到一份高薪的工作,他也的确做到了。但他还是为钱所困,原因就是他在学校里从来没学过关于钱的知识。而且最大的问题是,他相信工作就是为了钱。"

"你不这么认为吗?"我问。

"不,当然不是,"富爸爸回答,"如果你想为钱而工作,那就待在学校里吧,那可是一个学习这种事的好地方。但是如果你想学习怎样让钱为你工作,那就让我来教你。不过首先你得想学。"

"难道不是每个人都想学吗?"我问。

"不是,"他说,"原因很简单,学习为钱工作很容易,特别是当你一谈到钱就觉得恐惧时,学习为钱工作就更容易了。"

"我不明白。"我皱着眉头说。

"别担心,你只需知道,正是出于恐惧的心理,人们才想找一份安稳的工作。这些恐惧有:害怕付不起账单,害怕被解

20年后的今天
上学?

我是教育和终身学习的坚定拥护者,但"上学"——特别是大学——已经成为一个财务噩梦。学生贷款债务创历史新高,有4400万美国人贷款近1.3万亿美元。再说一遍:是万亿,万亿。

雇,害怕没有足够的钱,害怕重新开始。为了寻求保障,他们会学习某种专业,或是做生意,拼命为钱而工作。大多数人成了钱的奴隶,然后就把怒气发泄在他们老板身上。"

"学习让钱为我工作和上面这种不一样吗?"我问。

"当然了,"他说,"绝对不一样。"

在夏威夷这个美丽的星期六早晨,我们静静地坐着。我的朋友们应该已经开始新一季的棒球联赛了,但不知为什么,我突然开始庆幸自己决定干这份每小时10美分的工作了,我感到我会学到我的朋友们在学校里学不到的东西。

"准备好了吗?"富爸爸问。

"当然。"我咧开嘴笑了。

"我已经遵守了诺言,带你去看了你未来的生活。"富爸爸说,"你现在才9岁,就已经有了为钱工作的体验了。你只需把上个月的生活重复50年,就会知道大多数人是如何度过一生的了。"

"我不太懂。"我说。

"你两次等着见我时有什么感觉?上次是被雇用,这次是要求加薪。"

20年后的今天
税收、税收、税收

随着政府的扩张，政府对钱的需求量越来越大，而唯一可以获得钱的地方就是中产阶级，意思就是工人。每个政府都欢迎专业的投资者和企业主。工人缴纳税款；如果投资者和企业主以税法作为发展经济的工具，那么他们缴很少的税。

"真可怕。"我说。

"如果你选择为钱工作，这就是你将要过的生活。"

"每次结束3小时的工作，马丁太太给你3个硬币，这时你又有什么感觉？"

"我觉得钱不够。感觉就像什么也没得到似的，真让人失望。"

"这也正是大多数雇员拿到工资单时的感觉，他们还要扣掉税和其他一些支出。至少，你拿到的还是100%的工资。"

"你是说工人们拿到的不是全部的工资？"我吃惊地问。

"当然不是，"富爸爸说，"政府要先拿走属于它的那份。"

"它怎么拿呢？"

"通过税收，"富爸爸说，"你挣钱时得缴税，花钱时也得缴税。你存钱时得缴税，你死时还得缴税。"

"政府怎么能这样？"

"富人就不会这样，"富爸爸微笑着说，"只有穷人和中产阶级是这样。我敢打赌我赚的比你爸爸多，但他缴的税比我多。"

"怎么可能呢？"我问道。作为一个孩子，我是不会理解这些的。"为什么有的人会让政府这么对待自己呢?"

富爸爸没有回答这个问题,他看着我,缓慢而沉默地摇着座椅。

"真的准备好跟我学习了吗?"他问。

我郑重地点了点头。

"就像我说的,这里头有不少东西要学。学习怎样让钱为你工作是一个持续终生的过程。大多数人上了4年大学后,学习也就到头了。可我知道我会用一辈子去研究钱这东西,因为我研究得越深,就越发现我还有更多的东西要学习。大多数人从不研究这个问题,他们去上班,挣工资,平衡收支,仅此而已,他们不明白自己为什么老缺钱,于是以为多挣点钱就能解决问题,几乎没有人意识到缺乏财商教育才是问题的关键。"

"那我爸爸总为税头疼也是因为他不懂钱吗?"我疑惑地问。

"税只是学习如何让钱为你工作的一个极小的部分。今天,我只想弄清楚你是否仍有热情去了解钱这东西。大多数人都没有这样的愿望,他们只想进学校,学习一门专业技能,然后轻松工作、挣大钱。到他们某一天醒来,发现已面临严重的财务问题时,他们已经不能停止工作了。这就是只知道为钱工作而不学习如何让钱为自己工作的代价。现在你还有热情学习吗?"富爸爸问。

我点了点头。

"好,"他说,"现在回去干活,这次我一分钱也不会给你。"

"什么?"我大吃一惊。

"听着。一分钱也不给。每星期六你照样干3个小时,但不会再有每小时10美分的报酬了。你说你想学习不为钱工作，所以我什么都不给你。"

我几乎不相信自己的耳朵。

"我已经和迈克谈过了，他已经开始免费干了，掸干净罐头上的尘土再把它们重新码好。你最好快点去和他一块儿干。"

"这不公平，"我叫道，"你总得给点什么呀。"

"你说过你想学习。如果你现在不学，将来就会像坐在客厅里的那两个女人和那个男人一样，为钱工作并且希望我别解雇他们。或是像你爸爸那样，挣了很多钱却眼看着债台高筑而毫无办法，希望靠拥有更多的钱来解决问题。如果你想这样，我可以按照原来的约定每小时付给你10美分。你也可以像大人那样：抱怨这里工资太低，辞职另找工作。"

"那我该怎么做呢？"我问。

富爸爸拍了拍我的头，"动动脑子，"他说，"如果你好好想一想，就会感谢我给你这个机会，让你成为有钱人。"

我站在那儿，依旧不相信自己已经答应了这个不公平的交易。我是来要求加薪的，现在却被告知以后要白干。

富爸爸又拍了拍我的头，说："慢慢想去吧，现在回去开始工作。"

富人不为钱工作

我没对我爸爸说我没工钱了，他是不会理解的，而且我也不想向他解释连我自己也没完全明白的事。

在接下来的3个星期里，我和迈克每个星期六白干3小时。这工作不再让我心烦，过程也容易些了。只是无法参加棒球赛以及不能再买连环画让我耿耿于怀。

富爸爸在第三个周末的中午来了。我们听见他的卡车进了停车场，然后发动机熄火了。他走进店里与马丁太太拥抱致意。他看了店面的销售情况后，走向冰激凌柜，取出两个冰激凌，付了钱，然后向我和迈克打了个手势。

"孩子们，我们出去走走。"

闪开来来往往的汽车，我们穿过街道，又走过一大片草地，草地上有许多大人正在打垒球。最后我们坐到草地深处的一张野餐桌前，富爸爸把冰激凌递给我和迈克。

"还好吗？"他问。

"挺好的。"迈克说。

我也点了点头。

"那学到了什么没有？"

迈克和我面面相觑，一起耸了耸肩。

避开一生中最大的陷阱

"好吧，孩子们，你们最好开始开动脑筋。你们正在学习一生中最重要的一课。如果学好了这一课，你们将永享自由和安宁；如果没有学好，你们就会像马丁太太和在草地上打垒球的大多数人一样度过一生。他们为了一点点钱而勤奋工作,深信有工作就有了保障,盼着一年3个星期的假期和工作45年后才能获得的一小笔养老金。如果你们喜欢这样,我就把工资提到每小时25美分。"

"但他们都是努力工作的好人啊,你在嘲笑他们吗?"我问道。

一丝笑容浮上了富爸爸的脸庞。

"马丁太太对我就像妈妈一样,我决不会那么残忍地看待她。我上面的话可能听起来很无情,那是因为我在尽力向你们说明一些事情。我想拓宽你们的视野,让你们看清一些东西。这些东西甚至连大多数成年人也从没认清,因为他们眼界太狭窄了。大多数人从未认识到他们是在陷阱之中。"

迈克和我还是不太明白他的意思。他的话听起来很无情,然而我们能感到他确实是急于想让我们明白。

富爸爸又笑着说:"25美分每小时怎么样?这样是否让你们心跳加速?"

我摇摇头说:"不会啊。"可事实上,25美分每小时对我而言可真是不小的数目啊!

"那么,我每小时给你1美元。"富爸爸说,脸上露出狡黠的笑容。

我的心开始狂跳,脑袋里有个声音在喊:"接受,快接受。"但我不相信我所听到的,所以什么也没说。

"好吧,每小时2美元。"

我这个9岁孩子的大脑和心脏几乎要爆炸了。毕竟这是1956年,每小时2美元的薪水将使我成为世界上最有钱的孩子!我无法想象能挣到这么多钱。我想说"好的",真想和他成交。我似乎已经看见一辆新自行车,一副新棒球手套,以及当我亮出钞票时同学们羡慕的表情。最重要的是,基米和他的朋友再也不能叫我穷人了,但不知什么原因我仍然没有开口。

冰激凌化了,顺着我的手流了下来。富爸爸看到两个孩子盯着他,眼睛睁得大大的,脑子里却空空如也。他是在考验我们,而且他也知道我们很想接受这笔交易。他知道每个人的灵魂都有软弱、贫乏的一面,也有强大坚定、无法被金钱收买的一面。问题在于哪一部分更强大。

"好,5美元每小时。"

我的内心突然平静了,想法发生了转变。这个出价太高了,高得有些离谱。在1956年,就算成年人也没有几个能每小时挣5美元的。诱惑突然不见了,我恢复了平静。我轻轻转向左边去看迈克,他也在看我。我灵魂中软弱而贫乏的一面沉默了,无法用钱收买的一面占了上风。我知道迈克也一样。

> 人们的生活永远被这两种感觉所控制:恐惧和贪婪。

"很好,"富爸爸轻声说,"大多数人都希望有一份工资收入,因为他们都有恐惧和贪婪之心。一开始,没钱的恐惧会促使他们努力工作,得到报酬后,贪婪或欲望又让他们想拥有所有用钱能买到的好东西。于是就形成了一种模式。"

"什么模式?"我问。

"起床,上班,付账,再起床,再上班,再付账……他们的生活永远被这两种感觉所控制:恐惧和贪婪。给他们更多的钱,他们就会以更高的开支重复这种循环。这就是我所说的'老鼠赛跑'。"

"就没有另外一种模式吗?"迈克问。

"有,"富爸爸缓缓说道,"但只有少数人知道。"

"到底是什么模式?"迈克问。

"这就是我希望你们能在工作和跟我学习的过程中找到的东西,也是我不给你们任何工资的原因。"

"有什么建议吗?"迈克问,"我们厌倦了辛苦地工作,尤其是什么报酬都没有。"

"哦,第一步是讲真话。"富爸爸说。

"我们可没撒谎。"我说。

"我没说你们撒谎,我是说要弄清真相。"富爸爸反驳道。

"关于什么的真相?"我问。

"你真正的感觉,"富爸爸说,"你无需告诉别人你的感觉,只有你自己知道。"

"你是说这公园里的人,还有那些为你工作的人,像马丁夫人,他们都没弄清楚自己的感觉?"我问。

"我想是的。他们害怕没有钱,更没有直面这种恐惧,对此他们虽然在情感上有所反应但并没有动脑筋想办法。"富爸爸说,"他们手中有点小钱,可享乐、欲望和贪婪会立刻控制他们,他们会再次做出反应,仍然是不假思索。"

"所以,他们的感情代替了他们的思想。"迈克说。

"正是如此,"富爸爸说,"他们并不清楚自己真正的感觉,只是做出反应,而不去思考。他们感到恐惧,于是就去工作,希望钱能消除恐惧,但没有奏效。于是,恐惧追逐着他们,他们只好又去工作,再一次期望钱能平复这种恐惧,但还是没有成功。恐惧使他们落入工作的陷阱,挣钱——工作——挣钱,希望恐惧就此烟消云散。但每天他们起床时,就会发现恐惧又与他们一起醒来了。恐惧使成千上万的人彻夜难眠,忧心忡忡。所以他们又起床去工作了,希望薪水能消除噬咬他们灵魂的恐惧。钱主宰着他们的生活,他们拒绝去分辨真相,钱控制了他们的情感和灵魂。"

然后富爸爸静静地坐着,让我们自己理解他的话。迈克和我听到了他的话,但不能完全明白他的意思。我只知道我很奇怪大人们为什么总是急急忙忙去工作,而工作看起来并没什么乐趣可言,而且他们也不快活,好像总有些东西逼着他们去工作。

看到我们已经尽力地理解了他的话后,富爸爸说:"我希望你

20年后的今天
第一恐惧

随着世界人口老龄化的加剧和越来越多的人面临退休,有报道称人们的第一恐惧已与金钱紧密相关。接近50%的受访者担心他们的钱不够维持生活,他们害怕在退休时就把钱用完了。

们能避开这个陷阱，这就是我真正想教你们的，而不只是发财，因为发财并不能解决问题。"

"不能吗？"我惊奇地问。

"不能。现在让我谈谈另一种感情：欲望。有人把它称为贪婪，但我更喜欢用'欲望'这个词。希望拥有一些更好、更漂亮、更有趣或更令人激动的东西，这是相当正常的。所以人们也为了实现欲望而工作。他们认为钱能买来快乐，可用钱买来的快乐往往是短暂的，所以不久他们就需要更多的钱来买更多的快乐、更多的开心、更多的舒适和更多的安全感。于是他们继续工作，以为钱能安抚他们备受恐惧和欲望折磨的灵魂，但实际上钱是无法做到这一点的。"

"即使是富人也这样吗？"迈克问。

"富人也是如此。"富爸爸说，"事实上，许多人致富并非出于欲望而是由于恐惧，他们认为钱能消除贫困带来的恐惧，所以他们积攒了很多的钱，却发现恐惧感更加强烈了。他们又开始害怕失去钱。我有一些朋友，他们已经很有钱了，但还在拼命工作。我还认识一些百万富翁，他们现在甚至比他们穷困时还要恐惧，他们害怕失去所有的钱。他们越富有，这种感觉就越强烈。他们灵魂中软弱贫乏的一面总是在大声尖叫，他们不想失去大房子、车子和钱带给他们的上等生活。他们甚至担心一旦没钱了，朋友们会看不起他们。许多人变得绝望而神经质，尽管他们很富有。"

"那穷人是不是要快活一点？"我问。

"我可不这么认为，"富爸爸回答说，"不谈钱就像依赖钱一样是一种精神上的疾病。"

就在这时，镇上的乞丐经过我们的桌子，在一个大垃圾箱里翻找起来。我们3个人极有兴趣地注视着他，刚才我们几乎没意识到他在这里。

富爸爸从钱包里掏出1美元，向那个老乞丐招了招手。乞丐看到钱，立即走过来接钱，他对富爸爸千恩万谢，然后就欣喜若狂地跑了。

"他与我的大多数雇员并没有太大差别，"富爸爸说，"我遇到过很多人，他们说'我对钱没兴趣'，可他们却每天工作8小时。这只能说明他们并没有说出真相，如果他们对钱没兴趣，又何必工作呢？这种人比敛财的人病得更重。"

我坐在那儿听着富爸爸的话，脑中无数次地闪现我的亲爸爸曾说过的话："我对钱不

> 很多人说"我对钱没兴趣"，可他们却每天工作8小时。

感兴趣。"他常常这么说。他还经常说："我工作是因为我热爱这个职业。"用这句话来掩藏他内心真实的感受。

"那我们该怎么办呢？"我问，"不为钱工作直到不再有恐惧和贪婪吗？"

"不，那只会浪费时间。正是因为有感情，我们才成为人。感情是我们行动的动力。忠实于你的感情，以你喜欢的方式运用你的头脑和感情，不要让它们控制你。"

"噢！"迈克叫了起来。

"不要为我的话忧心忡忡,将来你们会知道它很有道理。好好观察你的感情,别急于行动。大多数人并不知道是他们的感情代替了他们进行思考,感情只是感情,你还必须学会抛开感情来思考。"

"你能给我们举个例子吗?"我问。

"可以。"富爸爸回答说,"当一个人说'我得去找份工作',这就很可能是他的感情代替他在思考。是害怕没钱的感觉催生了找工作的想法。"

"但是人们确实需要钱来付账呀。"我说。

"的确如此,"富爸爸笑着说,"所以,我说感情常常过多地代替了思考。"

"我不懂。"迈克说。

"比如说吧,"富爸爸说,"如果害怕没钱花,也先不要去找工作,而要先问问自己:一份工作是最终消除这种恐惧的最佳解决办法吗?依我看,答案是'不是',从人的一生来看更是如此。工作只是试图用暂时的办法来解决长期的问题。"

"但我爸爸总是说'去上学,取得好成绩,这样你就能找到一份安稳的工作'。"我有些迷惑地说。

"是啊,我懂他的意思。"富爸爸笑着说,"大多数人都这么给别人建议,而且对于大多数人来说这也确实是个好主意。但人们仍是基于恐惧才给出这样的建议的。"

"你是说我爸爸这么说是因为害怕?"

"是的,他担心你将来挣不到钱,在这个社会上过得不好。别误解我的话,他爱你而且希望你能够一帆风顺。我也相信教育和工作是很重要的,可它们对付不了恐惧。实际上,促使他每天去上班挣钱的恐惧也使得他热衷于让你去上学。"

"那你有什么建议?"我问。

"我想教你们支配钱,而不是害怕它,这是在学校里学不到的。如果不学,你就会变成金钱的奴隶。"

这听起来很有道理,他想扩展我们的视野,让我们看到马丁太太这种人都看不到的东西。富爸爸用了似乎很无情的例子,但这些例子让我终生难忘。在那一天我的视野大开,开始注意到大多数人所面临的"陷阱"。

20年后的今天
支配金钱

随着金融衍生品的出现和经济形势的日益复杂,支配金钱已经成为在世界经济中幸存的必要条件。在利率走低和股市不确定的情况下,储蓄和长期投资的古老格言已毫无意义。

"你看,我们在根本上都是雇员,只是层次不同而已。"富爸爸说,"我只希望你们有机会避开由恐惧和欲望组成的陷阱,按照你们喜欢的方式利用恐惧和欲望,而不要让它们控制你们。这就是我想教你们的。我对教你们挣大钱不感兴趣,那解决不了问题。如果你们不先控制恐惧和欲望,即使你们获得高薪,也只不过是金钱的奴隶而已。"

"那我们怎么才能避开陷阱呢？"

"造成贫困和财务问题的主要原因是恐惧和无知，而不是经济环境、政府或者富人。人们自身的恐惧和无知使他们困在陷阱里，所以你们应该去上学、接受高等教育，而让我来教你们怎样不落入陷阱。"

谜底渐渐揭晓。我爸爸受过高等教育，事业有成，但学校从来没有告诉他如何处理金钱和恐惧。很显然，我可以从两个爸爸那里学到内容不同但同样都很重要的东西。

"你刚才讲的是对于没钱的恐惧，那么，对钱的欲望又会怎样影响我们的想法呢？"迈克问。

"在我用更高的工资诱惑你们时，你们感觉怎样？非常想要吗？"

我们点了点头。

"但你们没有屈服于自己的感觉，你们没有立刻做出决定。这一点最重要。我们总是会有恐惧、贪婪的时候。从现在开始，对你们来说最重要的是，运用感情作长远打算，别让感情控制了思想。大多数人让恐惧和贪婪来支配自己，这是无知的开始。因为恐惧和贪婪，大多数人一生都在追求工资、加薪和职业保障，从来不问这种感情支配思想的生活之路将通向哪里。就像一幅画表现的：驴子拉车，因为主人在它面前挂了个胡萝卜。主人清楚自己想要去哪里，而驴子却只是在追逐一个幻影。但第二天驴子依旧会去拉车，因为又有胡萝卜放在它的面前。"

"你的意思是，当我幻想新棒球手套、糖果和玩具时，就像那头驴子和它面前的胡萝卜一样?"

"不错。当你长大后,你想要的玩具会更贵,会变成要让你的朋友羡慕的汽车、游艇和大房子,"富爸爸笑着说,"恐惧把你推出门外,欲望又开始召唤你。这就是陷阱。"

"那我们该怎么做呢?"迈克问道。

"无知使恐惧和欲望更加强烈,这就是为什么很多有钱人越有钱就越害怕。钱就是驴子面前的胡萝卜,是幻象。如果驴子能了解到全部事实,它可能会重新想想是否还要去追求胡萝卜。"

富爸爸继续解释说人生实际上是在无知和觉醒之间的一场斗争。

他说一个人一旦停止了解有关自己的知识和信息,就会变得无知。这种斗争实际上就是你时刻都要做的一种决定:是通过不断学习打开自己的心扉,还是封闭自己的头脑。

"看,学校非常重要。你去学校学习一种技术或一门专业,并成为对社会有益的人。每一种社会文明都需要教师、医生、工程师、艺术家、厨师、商人、警察、消防员、士兵。学校培养了这些人才,所以我们的社会才能蒸蒸日上。"富爸爸说,"但不幸的是,对许多人来说,离开学校是学习的终点而不是起点。"

然后是长长的沉默。富爸爸依旧微笑着,我仍然没弄明白他说的那些话。但就像其他伟大的老师一样,他们的话多年来会一直给人们以启发。

"今天我有点无情,"富爸爸说,"但我希望你们永远记住这次谈话,希望你们多想想马丁太太,多想想那头驴子。永远不要忘记，恐惧和欲望，如果你让它们来控制你的思想，你就会落入一生中最大的陷阱。一直生活在恐惧中，从不追求自己的梦想，这是残酷的。为钱拼命工作，以为钱能买来快乐，这也是残酷的。半夜醒来想着还有许多账单要付是一种可怕的生活方式，以工资的多少来决定过什么样的生活不是真正的生活。认为工作会给你带来安全感其实是在欺骗自己。这些都很残酷，但我希望你们能避开这些陷阱。我看过钱如何控制人们的生活，别让这些问题发生在你们身上，别让钱支配你们的生活。"

一个垒球滚到了桌子底下，富爸爸把它捡起来扔了回去。

"无知与恐惧和贪婪有什么关系？"我问。

"对钱的无知导致了恐惧和贪婪，"富爸爸说，"我可以给你们举一些例子。一个医生，想多挣些钱让家人生活得更好，于是就提高了收费，这就导致人们医疗保健费用的增加。

"这极大地损害了穷人的利益，所以穷人的健康状况要比富人差。由于医生提高收费，律师也提高了收费；由于律师提高收费，学校的老师也想增加收入，这就使政府提高了税收。这种循环不断继续下去，不久，在富人和穷人之间就有了一条可怕的鸿沟，不安定就

20年后的今天
收入不平等

参议员伯尼·桑德斯在2016年美国总统竞选中说："财富和收入不平等是今天美国人面临的最大的道德危机。"

会出现。历史证明当鸿沟大到极点时，一个社会就会崩溃。遗憾的是，美国现在的情况就是这样。但人们没有以史为鉴，我们只记住了历史事件发生的时间和名称，却没有记住教训。"

"涨价一定不对吗？"我问。

"在一个民众受到良好教育和政府治理有方的社会中不会涨价，实际上应该降价。当然，通常在理论上是如此。价格上涨的原因是由无知引起的贪婪和恐惧。如果学校教学生关于钱的知识，社会就有可能更富足，物价也会更低廉。但学校只关注教学生如何为钱工作，而不是掌握金钱。"

"但我们不是有商学院吗？"迈克问，"你不是还鼓励我进商学院读MBA吗？"

"是的，"富爸爸说，"但不管怎么说，商学院是专门训练那些精于计算的人的，可千万不要让他们做生意。他们只会看看数字，解雇员工并把生意搞糟。我知道这一点是因为我也雇用了这样的人。他们所想的只是降低成本、提高价格，这只会带来更多的问题。精于计算是重要的，我希望更多的人能够懂得它，但这并不是全部。"富爸爸生气地补充道。

"那该怎么办呢？"迈克问。

"要学会让感情跟随你的思想，而不要让思想跟随你的感情。当你们控制了感情，同意免费干活时，我就知道你们还有希望。当我用更多的钱诱惑你们时，你们又一次控制住了感情，你们在学习用头脑思考而不是任由感情控制你们。这是第一步。"

"这一步为什么很重要？"我问。

"噢，这就要由你们自己来找答案了。如果你们想学，我就会把你们带上这条布满荆棘的道路，大多数人都会选择避开它。跟着我，你们就要抛弃为钱工作的观念，学习如何让钱为你们工作。"

"如果我们跟着你结果会怎样？如果我们同意跟你学，又能学到什么呢？"我问。

"你们会得到《柏油孩子》①里那只野兔得到的东西——自由。"

"那会是一条布满荆棘的路吗？"

"是的，"富爸爸说，"所谓的荆棘之路就是指我们的恐惧和贪婪。直面我们的贪婪、弱点和缺陷是唯一的出路。这条路需要你用心去确定你的思想。"

"确定思想？"迈克不解地问。

"是的，确定我们该怎样思考而不只是对感情做出反应。不要因为害怕付不起账单就起床去工作，你要花时间去思考这个问题：更努力地工作是解决问题的最好方法吗？大多数人都害怕知道真相——他们被恐惧所支配——不敢去思考，就出门去找工作了。他们被柏油孩子'粘'住了。这就是我说的确定你的思想。"

"我们怎样才能做到呢？"迈克问。

"那是我将来要教你们的。我会教你们选择一种思想，而不是

---

①《柏油孩子》讲的是：一个农夫种的庄稼经常被野兔偷吃，所以他用柏油做了一个孩子像立在地头。野兔看到很好奇，上前逗弄柏油孩子却被粘住了，正好被农夫抓住。野兔情急之中跟农夫说，惩治它最好的办法是将它扔进荆棘丛，因为那样会扎得它痛不欲生。农夫信以为真，将野兔扔进了荆棘丛，然后野兔就逃走了，因为荆棘丛就是它的家。

条件反射式地去行动,就像匆忙喝完早餐咖啡就跑出去工作一样。

"记住我之前说过的话:工作只是面对长期问题的一种暂时的解决办法。大多数人心里只有一个问题,并且亟待解决,那就是月末要

20年后的今天
情感和理智

我经常努力控制我的思想和情感。在我的生活中我再三遇见这样的事情:当情感占据上风时,理智就会下降。

付账了,账单就像那个柏油孩子。钱控制了他们的生活,或者确切地说是对钱的无知和恐惧控制了他们的生活。所以他们就像他们的父母一样,每天起床之后就去工作挣钱,没有时间问问自己:还有什么别的法子吗?他们的思想被他们的感情,而不是他们的头脑控制着。"

"你能说说感情控制思想和头脑控制思想的区别吗?"迈克问。

"噢,当然。我总是听到这种话,"富爸爸说,"有人会说'人人都必须去工作'、'富人是骗子',或是'我要换份工作,我应该得到更高的工资,你不能任意摆布我',还有'我喜欢这份工作,因为它很稳定',而不是说,'我失去了什么',只有这样的话才能让你避免感情用事,并留给你仔细思考的时间。"

在我们往回走的路上,富爸爸解释说富人实际上是在"造钱",他们从不为钱而工作。他接着说当我和迈克用铅铸5分钱的硬币时,我们是想"造钱",实际上我们的想法和富人的想法

很接近。问题是只有政府和银行做这种事才是合法的,我们不行。他解释说有些挣钱的方式是合法的,而且这种方式不需要任何东西。

富爸爸继续说,富人知道钱是虚幻的东西,就像挂在驴子面前的胡萝卜一样。正是恐惧和贪婪使无数人紧抓着这个幻觉不放,还以为它是真实的。它不是。钱的确是造出来的,正是由于对这种幻觉的信任以及人们的无知才使人们做出许多经不起推敲的计划。

他说到美国当时实行的是金本位,每一张美元都对应着一定重量的黄金。他对美国将要取消金本位以及美元将不再与黄金挂钩的传言十分感兴趣。

"如果真的发生这种事,孩子们,地狱之门就快开了。穷人、中产阶级和无知的人的生活将被摧毁,因为他们相信钱是真的财富,相信他们效力的公司或政府会保障他们的生活。"

我们没有完全弄明白这席话的含义,但多年以后,富爸爸的话在越来越多的地方应验了。

看见了别人看不见的

富爸爸上了停在小店外的小卡车,这时他对我们说:"继续工作,孩子们,你们越快忘记你们的工资,你们未来的生活就会越轻松,继续用你们的头脑思考,不求回报地工作,很快就会发现比拿工资更挣钱的方法。你们会看到别人看不见的东西。机会就摆在人们面前,但大多数人从来看不到这些机会,因为他们忙着追求金钱和安定,所以只能得到这些。如果你们能看到一个机会,就注定你们会在一生中不断地发现机会。那时,我会教你们其他的事。学会了这些,你们就能避开生活中最大的陷阱。"

我和迈克收拾好东西与马丁太太道了别。我们走回公园,又坐到那张长椅上,花了几个小时考虑和讨论富爸爸的话。

在接下来的一个星期里,我和迈克也一直在思考和讨论这些问题。又过了两个星期,我们仍旧在思考、讨论,同时免费为富爸爸工作。

在第二个星期六工作结束时,我向马丁太太道别,依依不舍地看着架子上的连环画。每星期六没有了30美分的收入,我就没有钱去买连环画了。而就在马丁太太和我们说再见时,她做了一件我以前虽然见过但从未在意的事。

马丁太太把连环画的封面撕成两半,然后把上面一半留下,下面一半扔进了一个大纸箱。我问她这是做什么,她说:"我要把这些没有卖掉的旧书扔掉。等书商送新书来,我会把这半边封面交给他,作为没有卖掉的证明。他一小时后就到。"

我和迈克等了一个小时,书商终于来了。我问他能否把那些他不要的连环画送给我们。他的回答令我很高兴:"如果你们在这家店干活,而且保证不把它们卖掉,我就送给你们。"

于是,我们成交了。迈克家的地下室里有一个空房间,我们把它清理出来,把几百本连环画搬了进去。很快我们的连环画阅览室就开始营业了。我们雇了迈克的妹妹——她很爱读书——来做图书管理员。她向每个来阅览室看书的孩子收 10 美分，每天从下午 2 点 30 分到 4 点 30 分，阅览室都会开放。读者呢，包括邻家的孩子，他们可以在这两个小时内看个够。对于他们来说这是相当便宜的，因为 10 美分只能买 1 本连环画，而两小时足够他们看五六本了。

迈克的妹妹在读者离开时要负责检查，确保他们不把书带走。她还要保管书，记录每天有多少人来、他们的名字以及他们有什么意见。我和迈克在以后三个月里平均每星期能赚 9.5 美元，我们付给迈克的妹妹 1 美元，而且允许她免费看书，但她很少看，因为她总是在学习。

我和迈克仍然每星期六去小店干活，从各个店收集卖不出去的连环画。我们恪守了对书商的诺言，没有卖一本连环画，如果书太破了我们就烧掉。我们想开一家分店，但实在找不到一个像迈克的妹妹那样尽职尽责、值得信任的管理员。小小年纪，我们就已经发现找个好职员有多么困难了。

20年后的今天
想象的力量

在信息时代和互联网时代，数百万 30 岁以下的人利用他们的想象力来创造改变世界的应用程序——从 Facebook 到 Uber、Snapchat 等，他们也因此而变得富有。有想象力的人蒸蒸日上，而缺乏想象力的人仍然在寻找工作，这份工作又可能很快被机器人和技术所取代。

阅览室开张3个月后，发生了一场争斗，附近的小流氓盯上了这桩生意。富爸爸建议我们关门，所以我们的连环画生意就此结束了，同时我们也不去小店工作了。不管怎样，富爸爸十分兴奋，因为他可以教我们新东西了。他很欣慰，因为我们的第一课学得这么好：我们已经学会怎样让钱为我所用了。由于没有从小店的工作中得到报酬，我们就不得不发挥想象力去寻找挣钱的机会。通过经营我们自己的连环画阅览室，我们就掌控了自己的财务，而不是依赖雇主。最棒的是我们的生意让我们赚了钱，甚至当我们不在那儿时，它也照样赚钱，我们的钱为我们工作了。

虽然富爸爸没有付给我们工钱，却给了我们更多的东西。

讨论学习环节
第一章
第一课　富人不为钱工作

Rich Dad, Poor Dad

第一章
第一课　富人不为钱工作

本章小结

当9岁的时候,罗伯特·清崎和他的儿时伙伴迈克被拒绝邀请到同学家的海滨别墅度假,因为他们是富人学校里的"穷孩子"。在听了穷爸爸——他的父亲,一位老师,生活不错但勉强维持着收支平衡——"去挣钱"的劝告后,他和他的朋友迈克照做了:他们收集废弃的牙膏皮(在那时牙膏皮是用铅制造的),把它熔化,然后使用熟石灰模型仿造硬币。

很快,他们就被罗伯特的父亲教训了一通,他建议他们和迈克的父亲谈一谈,迈克的父亲是一个八年级都没有读完但成功经营着多家公司的人。

迈克的父亲,书名里的"富爸爸",答应教他们挣钱,但是要按照他的条件来。他要求他们每周六早上在他的一家便利店工作3个小时,清理食物的包装以及打扫卫生。他给他们每小时10美分的酬劳,罗伯特常常用这些钱买10美分一本的连环画。

很快,罗伯特便对这枯燥的工作和少得可怜的薪水感到厌倦。当他告诉迈克他准备放弃的时候,迈克告诉他,他的父亲早已料到他会退出,并且建议罗伯特去见见他的父亲。迈克的父亲是一个少言寡语的人，他的教育方法也和别人不一样，这是罗伯特想要去了解的。

第二个周六的早上，罗伯特去见迈克的父亲，却被迫在一个又脏又暗的客厅等了一个小时。等到他可以向迈克的父亲抱怨时，他已经变得非常厌烦和情绪化，他说迈克的父亲是一个贪婪而且不懂得尊重别人的人。当他提到迈克的父亲没有遵照约定教给他东西时，这位老板很平静但并不赞同他的说法。

富爸爸向罗伯特解释道，生活是一门课程，但这门课程并不会用语言来教你，它只是推着你转。在这个过程中，有些人会变得愤怒并把这些气发泄到他的老板或者他爱的人身上，而有些人却从中学会了很多东西，并欢迎生活来推动他们。

富爸爸告诉罗伯特，他和迈克是最先向他请教如何挣钱的人。他手下有150多名员工，他们都只是要求一份工作，而从来没有像罗伯特和迈克一样问过他关于挣钱的知识。

于是富爸爸决定设计一门和真实生活相近的课程来推动他们。罗伯特不解，问，除了富爸爸的卑鄙和对员工的剥削，他还能从这门课程中学到什么？富爸爸反驳道，大部分人在责怪别人有问题时，实际上是他们的态度有问题。

怎么解决这个问题呢？富爸爸告诉罗伯特，要学会用好自己的头脑，他想让罗伯特知道钱的运动规律，好让钱为他工作。能看到罗伯特生气他很开心，因为愤怒和热爱可以激发激情——一个学习的关键因素。

他继续说道，钱并不能解决人们的问题。很多人有着高收入的工作但他们还是为钱所困——比如罗伯特的穷爸爸——因为他们不知道如何让钱为他们工作。

他说如果罗伯特现在不学习这门课程的话，这种对于每小时10美分酬劳的情绪——失望以及钱不够花——将会伴随他的一生。他向罗伯特介绍了税收的概念，解释穷人和中产阶级允许政府收他们的税，而富人们则不是的原因。

他问罗伯特是否还有学习的激情。当听到罗伯特肯定的答复后，富爸爸告诉他，他将停止支付他在便利店的薪水，并且让罗伯特用自己的头脑来想清楚是否还要继续下去。

罗伯特和迈克免费在便利店工作了三周。之后富爸爸出现了并把他们带到外面谈话。他问他们是否学到了什么东西，他们说还没有。富爸爸告诉他们如果他们学不会这一课，他们将会像大部分人一样，一辈子为一点点钱而卖命工作。他决定给他们每小时支付25美分的薪水，但他们拒绝了。他又涨到每小时1美元，甚至2美元。但是罗伯特仍然保持沉默。最后他出到了5美元一小时——这在当时是个不小的数目——但倔强的罗伯特并不买账。

富爸爸说，他们没有被钱收买，这是好事。大部分人却做不到这样，因为他们的人生被恐惧和贪婪控制。没钱的恐惧促使他们努力工作，得到酬劳后，贪婪又让他们想拥有所有用钱能买到的东西。这使他们需要更多的钱，也让他们花更多的钱。这就是富爸爸所说的"老鼠赛跑"。

他告诉孩子们第一步就是承认自己的想法。人们常常跟随自己的情绪做出反应，而不是跟随自己的思想。他们害怕承认金钱在支配、控制着他们的生活。

不仅仅是穷人会面对恐惧，富人们也面对着恐惧。他想教会孩子，不要只是变得富有，因为钱不能解决问题。

学校的教育固然重要，他说，但对大部分人来说，可悲的是离开学校是学习的终点，而不是起点。对于孩子们来说最主要的还是学会用感情来思考，而不是带着感情去思考。他们必须学会选择他们的想法。

他告诉他们要留意可以挣钱的途径："如果你们能看到一个机会，就注定你们会在一生中不断地发现机会。"

孩子们照做了，很快他们便发现了一个创办阅览室的机会，只要小孩子买张票就能在阅览室里看两个小时的连环画——那些卖不出去、本该被便利店扔掉的连环画。

他们挣了一大笔钱，连续三个月的生意都不错，直到一场争斗导致阅览室关门。但他们学到了让金钱为他们工作的第一课，即使他们不在那儿，钱也会为他们工作。他们打算进行更深入的学习，富爸爸也打算继续教他们。

左脑时刻：尽管有一份高收入的工作，像罗伯特的穷爸爸一样的人仍只能勉强维持着收支平衡。

右脑时刻：用一个新颖的、具有创造性的方法去看待废弃的连环画可以带来的商机。

潜意识时刻：人们让恐惧和贪婪控制了自己的人生。

罗伯特说了什么

现在是开始反思的时间。问问自己："罗伯特在这段引述里说了什么？""他为什么会那样说？"在这个环节，无论你对罗伯特的那些说法是否赞成，只需理解他所说的内容即可。

切记，这个模块的设计是为了凸显讨论与合作的重要性。毕竟两个人的智慧大过一个人的智慧。如果你不理解罗伯特所说的内容，请不要害羞和回避。你可以向他人请教。花点时间讨论一下他的每段引述，直到你真的理解了。

穷人和中产阶级为钱而工作。富人让钱为他工作。

生活推着我们所有的人，有些人放弃了，有些人在抗争。少数人学会了这门课程，取得了进步，他们欢迎生活来推动他们。

停止责备我，不要认为是我的问题。如果你认为是我的问题，你就会想改变我；如果你认为问题在你那儿，你就会改变自己，学习一些东西让自己变得更聪明。

说到钱，大多数人都希望稳稳妥妥地挣钱，这样他们才感到安全。关于钱，他们没有激情，有的只是恐惧。

对大多数人而言，给他们的钱越多，他们欠的债也就越多。

正是出于恐惧的心理，人们才想找一份安稳的工作。这些恐惧有：害怕付不起账单，害怕被解雇，害怕没有足够的钱，害怕重新开始。为了寻求保障，他们会学习某种专业，或是做生意，拼命为钱而工作。大多数人成了钱的奴隶，然后就把怒气发泄在他们老板身上。

大多数人并不知道是他们的感情代替了他们进行思考。

工作只是试图用暂时的办法来解决长期的问题。

就像一幅画表现的：驴子拉车，因为主人在它面前挂了个胡萝卜。主人清楚自己想要去哪里，而驴子却只是在追逐一个幻影。但第二天驴子依旧会去拉车，因为又有胡萝卜放在它的面前。

附加问题

现在是时候将这一章的故事和你对罗伯特的话的理解运用到自己的生活中去了。问问自己下面这些问题，并和自己的学习伙伴讨论。一定要对自己和你的学习伙伴诚实。如果你不喜欢自己给出的答案，问问自己是否愿意改变或者接受改变自己想法和心态的挑战：

1. 罗伯特的穷爸爸对钱的处理方法是不是很普遍？
2. 罗伯特的富爸爸说真正的学习需要精力、激情和热切的愿望。你的人生之中有什么例子可以证明吗？让你最难忘的一课是什么？为什么？
3. 如果支付你10美分每小时——然后一分钱也不给——你会跟罗伯特有一样的反应吗？
4. 是恐惧驱使大部分人工作吗？还有没有其他的因素？
5. 你是否强烈地感觉更多的钱可以平复恐惧？为什么人们

会有这样常见的反应？

6.你的生活中有没有追随情感做出反应的例子？什么时候你才能观察自己的情感，选择自己的想法？

7.富人或穷人，哪个更容易受到恐惧和贪婪的影响呢？为什么会这样想？

8.你是否觉得大多数人都意识到了他们已深陷"老鼠赛跑"的陷阱中？为什么？

读书笔记

第二章

第二课　为什么要教授财务知识

> 你挣了多少钱并不重要,重要的是你留下了多少钱。

1990年,迈克接管了富爸爸的商业王国,事实上,他比富爸爸做得还好。我们每年都会在高尔夫球场上见一两次面。他和他妻子的财产多得难以想象,富爸爸的王国被管理得很好。现在迈克已经开始训练他的儿子接班了,一如富爸爸当年训练我们。

1994年,我退休了,那时我47岁,我妻子37岁。退休并不是因为我们没事可干。对于我和我妻子来说,只要不发生意想不到的大事,我们就完全可以选择工作或是不工作,我们的财富可以不受通货膨胀的影响,自动增长。资产已经多到可以自我增值,就像种树,你年复一年地浇灌它,终于有一天它不再需要你的照料了。它的根已经长得足够深,你现在可以开始享受它带给你的阴凉了。

迈克选择经营他的商业王国，而我选择了退休。

现在，我常面对许多人讲演，他们总是问我能给他们什么理财建议。"我该怎样开始？""有什么好书吗？""应该怎么培养孩子？""成功的秘诀是什么？""我怎样挣到一百万？"

每当我听到这其中任何一个问题，我都会想起下面这个故事：

最富有的生意人

1923年，当时我们国家一些最伟大的领导人和最富有的商界人士在芝加哥的海岸酒店开会。他们中有美国最大的钢铁公司的领导人查尔斯·施瓦布、世界最大的经营公共基础设施的公司的主席塞缪尔·英萨尔、世界最大的煤气公司的领导人霍华德·霍普森、世界上最大的公司之一——国际火柴公司的总裁埃娃·克鲁格、国际清算银行的总裁利昂·弗雷泽、纽约证券交易所主席理查德·惠特尼、两个最大的股票投机商阿瑟·科顿和杰斯·利弗莫尔、美国第29任总统沃伦·甘梅利尔·哈定的内阁成员阿尔伯特·富尔。25年后，他们中有9人的结局是这样的：施瓦布在度过5年的借债生涯后身无分文地死去了，英萨尔破产后死于国外，克鲁格和科顿也死于破产，霍普森疯了，惠特尼和阿尔伯特·富尔则刚从监狱被释放出来，弗雷泽和利弗莫尔自杀了。

我怀疑是否有人说得清这些人究竟怎么了。看看时间，1923年，正是1929年市场大崩溃和大萧条前不久，我想这场大萧条严重地冲击了这些人和他们的生活。关键是：我们今天所处的时代比那些人所处的时代变化更大、更快，我想在未来几年里会有更多的兴衰起落，这正是上面那些人曾经遭遇过的。我想有太多人过多地关注钱，而不是关注他们最大的财富——所受的教育。如果人们能灵活一些，保持开放的头脑不断学习，他们将在时代的变化中一天天地富有起来。如果人们认为钱能解决一切问题，恐怕他们的日子就不会太好过。只有知识才能解决问题并创造财富，那些不是靠财务知识挣来的钱也不会长久。

大多数人没有意识到，在生活中你挣了多少钱并不重要，重要的是你留下了多少钱。我们都听说过穷人买彩票中奖的故事，他们一下子暴富起来，但不久就又变穷了。他们虽然得到了上百万美元但很快又回到他们最初时的样子。还有关于职业运动员的故事，有一个运动员在24岁时，一年就挣了几百万美元，但在34岁时却露宿桥下。

我记得这样一则故事：一个年轻的篮球运动员，一年以前还拥有几百万美元，可现在，仅仅29岁，却只能在一个洗车房干报酬最低的活儿。他说他的朋友、律师和会计师拿走了他的钱，他因为在擦车时拒绝摘下总冠军戒指，被洗车房解雇了，这样他的事才成了全国性的新闻。篮球运动员抱怨洗车房，说自己在艰难地工作并受到歧视，他还说那枚戒指是他唯一剩下的东西，如果把它拿走，他就会崩溃。

我知道每年都会有很多人成为百万富翁。我很高兴看到人们越来越富裕,我只想提醒一句:从长远来看,重要的不是你挣了多少钱,而是你能留下多少钱,以及能够留住多久。

所以当人们问我"我该从哪儿开始"或是"怎样才能快速致富"时,他们肯定会对我的回答感到失望。我只是告诉他们富爸爸在我小的时候对我说过的话:"如果你想发财,就要学习财务知识。"

每当我和富爸爸在一起的时候,这个观念都会萦绕在我的脑海中。就像我说的,我那受过高等教育的爸爸强调的是读书的重要性,而富爸爸则强调要掌握财务知识。

如果你要去建造帝国大厦,你要做的第一件事就是挖个深坑,打牢地基。如果你只是想在郊区盖个小屋,你只须用混凝土打15厘米厚的地基就够了。大多数人在努力致富时,总是试图在15厘米厚的混凝土上建造帝国大厦。

我们的学校体系在农业文明时代就建立了,依旧迷信于不打基础就盖房子。孩子们从学校毕业时没有学到一点有关财务的基础知识。一天,当做着美国梦的那些人,在郊区的小房子里因债务的问题而无法入睡时,他们认定解决财务问题的方法就是快点发财。

于是建造摩天大楼的工作开始了。虽然进展得很快,但不久就会发现,他们建造的不是帝国大厦,而是一座斜塔。于是不眠之夜又回来了。

我和迈克在成年以后可以有多种选择,因为我们从小就被教导要打下坚实的财务知识基础。

众所周知，会计可能是世界上最让人弄不明白、最乏味的学科了，但如果你想一直富有下去，它又可能是最重要的学科。

富爸爸为我和迈克打下了牢固的财务知识基础。由于当时我们只是孩子，富爸爸就发明了一种简单的方法来教我们。

有好几年他只是用一些图和少许词语讲课。我们弄懂了那些简单的图和术语，以及它们表现出的钱的运动规律。在

> 富人获得资产，而穷人和中产阶级获得负债，只不过他们以为那些负债就是资产。

之后几年中，富爸爸开始加入数字。今天，迈克已经掌握了更为复杂的会计分析的方法，因为他经营着几十亿美元的公司，必须掌握这些方法。我不用掌握那么复杂的方法是因为我的"商业王国"要小一些，不过我们源于同一个简单的基础。在下面几页，我会给你介绍富爸爸为我们发明的那些简单的图表。图虽然简单，却帮助两个孩子建立了取得巨大财富的牢固基础。

规则　你必须明白资产和负债的区别，并且购买资产。

如果你想致富，这一点你必须知道。这就是第一条规则，也是唯一一条规则。它听起来似乎简单得有些荒谬，但大多数人并不知道这条规则有多么深奥，他们就是因为不清楚资产与负债之间的区别才在财务问题中苦苦挣扎。

"富人获得资产，而穷人和中产阶级获得负债，只不过他们以为那些负债就是资产。"富爸爸说。

当富爸爸向我和迈克解释这些概念时,我们以为他是在开玩笑。当时,两个不到10岁的小孩正等着听致富的秘诀,而得到的却是这样的答案。这个答案是如此简单以致我们不得不花很长时间思考它。

"资产是什么?"迈克问。

"别着急,"富爸爸说,"要先理解我刚才说的话。如果你们能明白这个简单的道理,你们的生活就会变得有计划,而且不会受到财务问题的困扰。正是因为它简单,才常常被人们忽视。"

"你的意思是说,我们只要明白什么是资产并得到它就能致富,是吗?"我问。

富爸爸点点头说:"就这么简单。"

"既然很简单,那为什么不是每个人都发财呢?"我问。

富爸爸笑了,他说:"因为人们并不明白资产和负债的区别。"

我记得我又问:"大人怎么会这么笨,如果这个道理很简单,而且很重要,为什么不把它弄明白呢?"

于是富爸爸又花了几分钟向我们解释什么是资产和负债。

成年后,我发觉向其他成年人解释什么是资产、什么是负债十分困难。大多数的成年人没有掌握这个简单的道理,是因为他们已有了不同的教育背景。他们被其他受过高等教育的专家,比如银行家、会计师、房地产商、财务规划师等教过,于是就很难忘记已经学过的东西。让他们变得像孩子一样简单太难了。有学识的成年人往往觉得研究这么一个简单的概念太没面子了。

富爸爸相信"KISS"原则,即"傻瓜财务原则"(Keep It

Simple Stupid 或者 Keep It Super Simple)。所以他特意为我们简化了课程,而这又使我们的财务基础更加牢固。

是什么造成了观念的混乱呢?或者说,为什么如此简单的道理,却变得这么混乱?为什么有人会买一些自认为资产的负债呢?答案就在于他接受的基础教育是什么样的。

> 资产是能把钱放进我口袋里的东西。负债是把钱从我口袋里取走的东西。

我们通常重视的是"知识"这个词而非"财务知识"这个词。而用词语很难说清什么是资产、什么是负债。实际上,如果你真的不想弄明白,尽管去查字典中关于"资产"和"负债"的解释吧。我知道那上面的定义对一个受过训练的会计师来说是很清楚的,但对于普通人而言可能毫无意义。可我们成年人却往往太过自负,不肯承认不懂其中的含义。

对小孩子来说,富爸爸说:"对资产的定义不是用词语而是用数字来表达的。如果你读不懂数字,就不知道什么是资产。在会计上,"他接着说,"关键不是数字,而是数字要告诉你的东西。它的作用就

20年后的今天
学习、忘记、再学习

未来学家阿尔文·托夫勒的这句话印证了20年前富爸爸对我的教导:"21世纪的文盲不是那些不能读和写的人,而是那些不能学习、忘记、再学习的人。"

像词语一样,虽然它不是词语,但它能告诉你词语不能告诉你的东西。"

"如果你想富有,就必须读懂并理解那些数字。"这句话我从富爸爸那儿听到不下一千次了,他还经常说"富人得到资产而穷人和中产阶级得到负债"。

下面是区分资产和负债的方法。大多数会计师和财务专业人员不会同意这种方法,但是这些简单的图表却让两个小男孩建立了坚实的财务基础。

下图中上半部分的表格是收益表,它常被用来衡量收入和支出以及金钱流动方向的情况。下半部分的表格是资产负债表,它被用来说明资产与负债的情况。许多初学财务的人都弄不清收益表和资产负债表的关系,而这关系到如何理解它们。

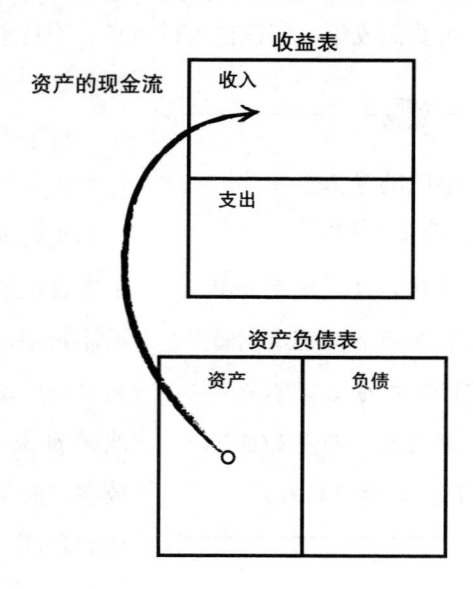

收益表

资产的现金流

收入
支出

资产负债表

资产	负债

所以正如我前面说过的，富爸爸只告诉两个小男孩这句话："资产就是能把钱放进你口袋里的东西。"这话妙极了，既简单又实用。

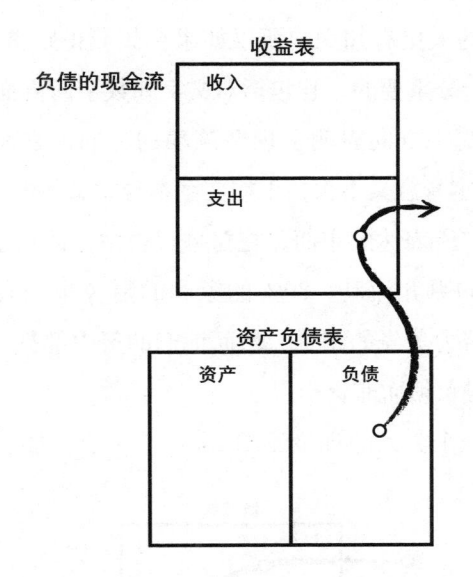

```
                        收益表
    负债的现金流    ┌─────────────┐
                    │    收入     │
                    │             │
                    ├─────────────┤
                    │    支出     │
                    │             │
                    └─────────────┘

                       资产负债表
                    ┌──────┬──────┐
                    │ 资产 │ 负债 │
                    │      │      │
                    └──────┴──────┘
```

我们已经用图表来说明了什么是资产和负债，我还可以用文字下定义，也许会更容易理解：

资产是能把钱放进我口袋里的东西，不管我工作与否；
负债是把钱从我口袋里取走的东西。

你只要知道这些就足够了。如果你想致富，只需不断买入资产就行了；如果你只想当穷人或是中产阶级，那就不断地买入负债吧。

看不懂关于财务的文字或读不懂数字的含义，是产生财务问题的根本原因。如果人们陷入财务困境，那就是说有些数字或文字他们读不懂。富人之所以富有，是因为他们在某些方面比那些有财务问题的人更有知识，所以如果你想获得财富并保住财富，财务知识是十分重要的，它包括对文字和数字两方面的理解。

图中的箭头方向表明了现金流动的方向，它又被称为"现金流"。数字本身意义不大，正如文字本身意义不大一样，重要的是数字和文字所表达的东西。在财务报告中，读数字是为了掌握情况，即钱向哪儿流动。80%的家庭的财务报表表现的是一幅拼命工作、努力争先的图景，然而他们的努力都打了水漂，因为他们购买的是负债而非资产。

下面是一个穷人的现金流图：

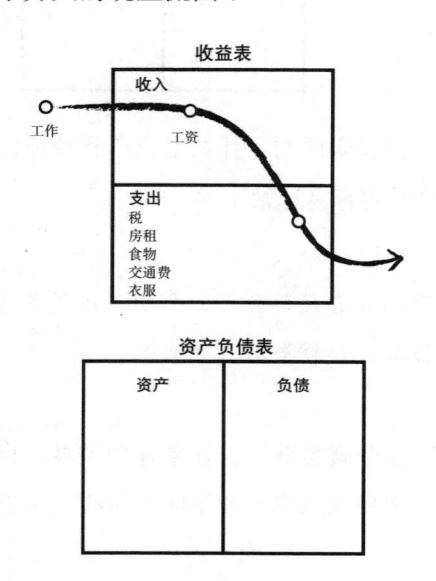

下面是一个中产阶级的现金流图：

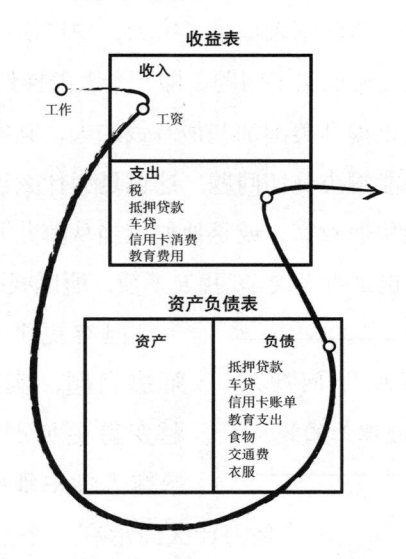

收益表

收入
工作 → 工资

支出
税
抵押贷款
车贷
信用卡消费
教育费用

资产负债表

资产	负债
	抵押贷款
	车贷
	信用卡账单
	教育支出
	食物
	交通费
	衣服

下面是一个富人的现金流图：

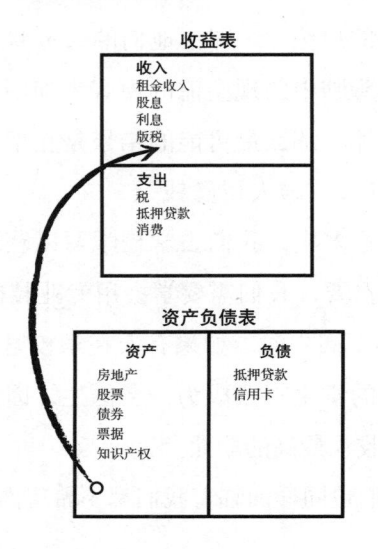

收益表

收入
租金收入
股息
利息
版税

支出
税
抵押贷款
消费

资产负债表

资产	负债
房地产	抵押贷款
股票	信用卡
债券	
票据	
知识产权	

很显然，所有这些图表都经过了简化，只表现人们最基本的吃、穿、住、用。这些图表显示了穷人、中产阶级和富人一生的现金流。正是现金流说明了问题，即一个人怎样处理他的钱。

我刚才之所以提到美国那些最有钱的人，其实是想纠正一个错误观念，即钱能解决一切问题。这也是为什么当我听到人们问我他们怎样才能快速致富，或是他们应当从哪儿开始时，我感到不快的原因。我也常听人说："我欠了债，所以我必须挣钱。"

> 现金流说明了问题，即一个人怎样处理他的钱。

但有更多的钱往往不能解决问题，实际上可能使问题变得更加严重。钱往往能暴露人性中那些可悲的弱点，并凸显人们的无知。这就是为什么经常有一些人在忽然得到一大笔意外之财，比如遗产、加薪或买彩票中大奖之后，不久又陷入财务困境的原因——即便他们的财务状况会比之前好一些。钱只会让你头脑中的现金流的模式更加明显，如果你的模式是把收入都花掉，那么最可能的结果是在增加收入的同时也增加支出。正所谓，"蠢人用蠢钱"。

我已经说过很多次，我们去学校学习以获取知识和专业技能，这两者都很重要，我们需要学会用专业技能谋生。20世纪60年代，当我在上高中时，如果有人在学校里成绩好，就会有人猜测这个聪明的学生将会成为一名医生，因为医生被认为是当时最有前途、收入最高的职业。

今天，医生们也同样面临着我们都不希望面对的巨大的财务挑战：保险公司对整个保险业的控制，医疗管理，政府的干预，医疗诉讼。现在的孩子们想成为体育明星、电影明星、摇滚歌星、选美皇后或是CEO们，因为这些职业会让他们更出名、更有钱、更显赫。这也是很难激发孩子的学习热情的原因，他们知道职业成功不再像过去那样完全与学习成绩挂钩了。

由于学生们在学校时并没有获得财务技能，所以成千上万受过良好教育的人虽然取得了事业上的成功，却发现自己仍在财务问题中挣扎。他们努力工作，却并无进展，他们的教育中缺少的不是如何挣钱，而是如何管钱。它被称为"理财态度"，即在你赚了钱之后如何处理这些钱，又怎样防止别人从你手中拿走这些钱？怎么能更久地拥有这些钱？你如何让钱为你工作？大多数人不明白自己为什么会遭遇财务困境，这是因为他们不明白现金流。一个受过高等教育且事业有成的人，同时也可能是财务上的文盲。这种人往往太过努力地工作，因为他们只知道努力工作，却不知道如何让钱为他们工作。

发财梦为什么变成噩梦

下面的动态图显示了努力工作的人们所具有的模式。一对快乐的、受过高等教育的新婚夫妇租住在一套拥挤的公寓里，他们很快就意识到这样很省钱，因为两个人的日常花销和一个人的差不多。

但问题是，公寓太拥挤了，于是他们决定攒钱买一栋理想的房子，这样就能计划要孩子了。现在，他们有两份收入，并开始专心干事业。他们的收入开始增加。

随着收入的增加，支出也增加了。

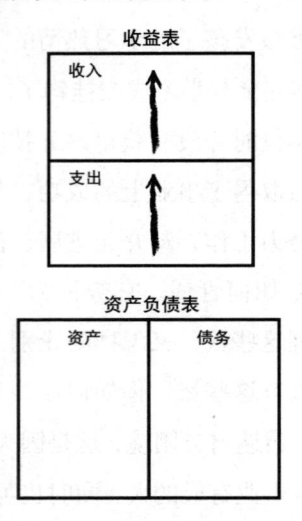

收益表

| 收入 ↑ |
| 支出 ↑ |

资产负债表

| 资产 | 债务 |

对大多数人而言，第一项支出是税。许多人以为是个人所得税，但对大多数美国人而言，最高的税是社会保险。作为一名雇员，表面上社会保险和医疗保险共计约7.5%，实际上却是15%，因为雇主必须为你付7.5%的社会保险。关键是，雇主是拿他本该支付给你的钱去支付的。此外，你还得为你工资中已经扣除的社会保险的那部分钱缴纳所得税，而这些钱是你从未拿到手的，因为它们通过预扣直接进入了社会保障体系之中。

再回到这对年轻夫妇身上，随着收入的增加，他们决定去买一套自己的房子。在通过抵押贷款有了房子后，他们就得缴纳一项新的税——房地产税，然后他们买了新车、新家具等，以与新房子相配。最后，他们突然发觉他们的负债项充斥着抵押债务和信用卡债务。他们的债务开始增加。

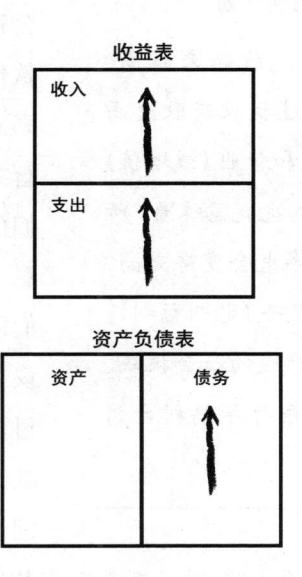

收益表

收入 ↑
支出 ↑

资产负债表

资产	债务 ↑

他们落入了"老鼠赛跑"的陷阱。不久孩子出生了，他们必须更加努力地工作。之前的经历又再次发生，钱挣得越多，缴税也越多，这也被称为"所得等级攀升"①。一张信用卡被邮寄过来，他们最大限度地透支它。这时一家贷款公司打电话来告诉他们，他们最大的"资产"——房子，已经通过评估，因为

---

① 发生通货膨胀时，价格和所得提高，而美元价值保持不变，纳税人的所得就会被划入较高的税收等级，即使实际所得没有增加，其有效税率也会提高，这种有效税率的提高被称为"所得等级攀升"。

20年后的今天
税收与福利计划

世界各地的税收越来越高，因为社会要求通过税收获取更高的财产税、所得税和营业（或增值）税。而更高的收入也就意味着"所得等级攀升"，税率也会变得更高，以用来支撑社会服务（也叫福利）。今天政府面临着严峻的社会挑战，因为社会保障和医疗等福利计划面临破产。

他们的信用记录非常好，所以公司可以为他们提供债务合并贷款[①]。那家公司告诉他们用这笔贷款偿付他们信用卡上的高息消费贷款是一项明智之举，除此之外，他们的住房按揭贷款的利息也会是免税的。他们同意了贷款公司的建议，并用债务合并贷款付清了高息的信用卡贷款。他们感觉松了口气，因为他们的信用卡账单付清了，但实际上他们不过是把消费贷款转到了住房按揭贷款上。他们现在要支付的钱数少了，是因为他们把债务分散在以后的30年去支付了。这真是件聪明事。

他们的邻居打电话来，说阵亡将士纪念日[②]商店正在打折，

[①] 债务合并贷款是指用一个单一的贷款替换多重贷款，借款人不仅可以按月还款，还款期还可以延长。

[②] 美国政府曾将每年的5月30日定为阵亡将士纪念日，以纪念美国南北战争中阵亡的将士。但1971年以后，为保证全体美国人都能享受这个假期，许多州将它改为在5月的最后一个星期一。

他们对自己说:"我们什么也不买,只是去看看。"但一旦发现了想要的东西,他们还是忍不住又刷了那些刚刚还清的信用卡。

我总是会碰到这种年轻夫妇,他们名字不同,但遇到的财务窘境却是如此相似。

20年后的今天
信用卡债务

据2016年统计,美国消费者信用卡债务正处于历史最高点:7790亿美元。这些是否都是坏账,还是有希望被收回?你知道这其中的差别吗?

他们来听我的讲座,并问我:"你能告诉我们怎样才能挣更多的钱吗?"

他们甚至不知道他们真正的问题在于他们选择的消费方式。而这是由他们在财务上的无知以及不理解资产和负债的区别造成的。

再多的钱也不能解决他们的问题,只有运用财务知识才能解决这些问题。我的一个朋友对那些欠债的人不厌其烦地说:"如果你发现你已在深渊,那你自己就别再挖了。"

当我还是孩子时,我的爸爸告诉我日本人注重三种力量:剑、宝石和镜子。

剑象征着武器的力量。美国人在武器上已经花了上千亿美元,是世界上的超级军事大国。

宝石象征着金钱的力量。有句格言很有道理:"记住黄金规则：有黄金的人制定规则。"

镜子象征着自知的力量。日本人认为自知是三种力量中最宝贵的。

穷人和中产阶级往往被金钱的力量控制着。他们起床工作，却不问自己这样做的意义。他们每天去工作，其实是搬起石头砸自己的脚。大多数人并不真正懂得钱的意义，因此只能被钱控制。

如果他们知道镜子的力量，也许会自问："这有意义吗？"可通常人们总是不相信自己内在的智慧，只会随波逐流，人云亦云。他们做事情只是因为其他人也这么做，他们总是服从而不去提问。他们总是轻率地重复别人告诉他们的东西，例如："分期付款""你的房子就是你的资产""你的房子是你最大的投资""欠债可以抵税""找一个稳定的工作""别犯错误""别冒险"之类的话。

据说，对很多人来说在公众面前讲话比死还可怕。精神病学认为，害怕在公众面前说话是因为害怕被排斥、害怕冒尖、害怕被批评、害怕被嘲笑、害怕被别人所不容。简言之，是害怕与别人不同。这种心理阻碍了人们去想新办法来解决问题。

> 一个受过高等教育且事业有成的人，同时也可能是财务上的文盲。

这也就是我那受过良好教育的爸爸所说的"日本人最重视镜子的力量"的原因，因为只有当他们"照镜子"时，才能发现真相，即大多数人热衷于"稳定"是出于恐惧。其他事也一样能借助"镜子"来看清，如运动、社会关系、职业和金钱等。

正是这种恐惧，即害怕被排斥的心理，使人们服从而不是去质疑那些被广泛接受的观点或流行的趋势："你的房子是资产""用一个债务合并贷款来解决债务""更努力地工作""升职""有一天我会成为副总统""存钱""加薪后我要买更大的房子""共同基金是最安全的"，等等。

大多数人的财务困境是由于随大溜、盲目地跟从其他人所造成的。因此我们都需要不时地照照镜子，相信我们内心的智慧而不是恐惧。

我和迈克16岁时，在学校遇到了麻烦。我们不是坏孩子，只是开始和同学们疏远了。我们在周末及平时放学后为迈克的爸爸干活，干完活后，我们会花几个小时坐在一边听富爸爸和他的银行经理、律师、会计师、经纪人、投资商、经理和员工开会。富爸爸13岁就离开了学校，现在却在质问、指挥和

20年后的今天
谁属于你的团队？

富爸爸总是将各领域的专家召集到自己身边：律师、会计师、经纪人和银行家……我和妻子金也是一样。今天，我们的顾问团队是我们最大的资产之一。

比钱更重要的是什么？

企业团队！

谁属于你的团队？

命令着一群受过良好教育的人。他们对他唯命是从,并且当他对他们表示不满时感到害怕。

富爸爸不是一个随大溜的人,他有自己的想法。他痛恨"我们必须这么做,因为其他人都这么做"这类的话,也讨厌"不能"这个词。如果你想让他做什么,最好对他说"我想你办不了这件事"就行了。

我和迈克在这些会议中学到了不少东西,甚至比在学校里包括大学学到的还要多。迈克的爸爸虽然没有受过高等教育,但作为一个成年人,他有很丰富的财务知识并且最终获得了成功。他曾反复地对我们说:"聪明人总是雇用比他更聪明的人。"所以,我和迈克总是愿意花几个小时听那些聪明人说话并向他们学习。

因此,我和迈克很难再遵循老师们教的那些僵化的教条,这样问题就来了。当老师说"如果你得不到好成绩,在社会上也干不好"时,我和迈克就扬起了眉毛。当我们被要求循规蹈矩,不要偏离规则时,我们看到学校的程序扼杀了创造性。我们开始理解为什么富爸爸说学校是生产好雇员而不是好雇主的地方。我和迈克有时会问老师,怎样才能学以致用,或是为什么我们不学习有关钱的知识及其运动的规律。对第二个问题,我们得到的回答通常是:钱并不重要,如果我们学习成绩好,自然就会有钱。我们越了解钱的力量,与老师和同学们的距离就越远。

我的受过高等教育的爸爸从不过问我的成绩,但我们却开始为钱的事争论。在我 16 岁时,我可能就已经掌握了比父母更多的财务基础知识。因为我经常看书，经常听审计师、企业律师、银行家、房地产经纪人、投资人的谈话，而爸爸每天只和老师们谈话。

一天，爸爸告诉我我们的房子是他最大的投资时，我告诉他我认为房子并非一项好的投资，一场不太愉快的争论发生了。

下图反映了富爸爸和穷爸爸在对待房子问题上的不同观念，一个认为他的房子是资产，另一个则认为是负债。

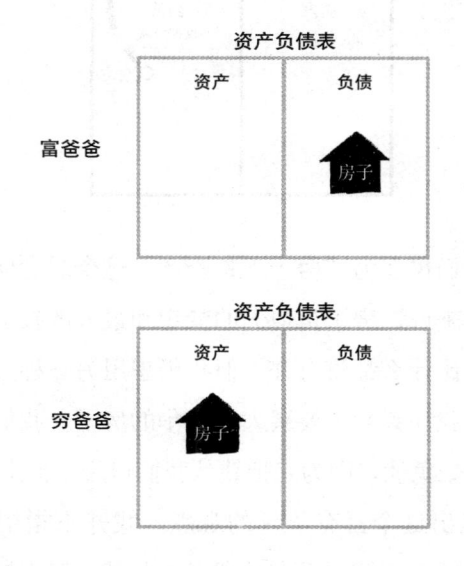

	资产负债表	
	资产	负债
富爸爸		房子

	资产负债表	
	资产	负债
穷爸爸	房子	

我还记得我画了下面这张图向爸爸说明他的现金流，我也向他指出了拥有房子后带来的附属支出。房子越大支出就越大，现金就会通过支出不断地流出。

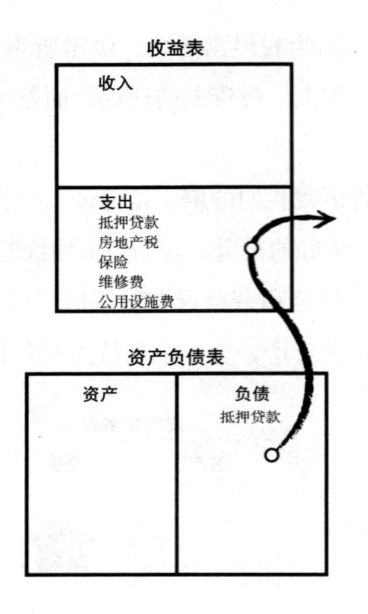

```
                  收益表
        ┌─────────────────────┐
        │ 收入                │
        │                     │
        ├─────────────────────┤
        │ 支出                │
        │ 抵押贷款            │
        │ 房地产税            │
        │ 保险                │
        │ 维修费              │
        │ 公用设施费          │
        └─────────────────────┘

             资产负债表
        ┌──────────┬──────────┐
        │ 资产     │ 负债     │
        │          │ 抵押贷款 │
        │          │          │
        └──────────┴──────────┘
```

今天，人们仍在为"房子不是资产"这个观念向我挑战。我知道对许多人来说，房子是他们的梦想和最大的投资，而且拥有自己的房子总比什么都没有强，但我仍想用另一种方法来看待这一教条。即使我和我妻子要买大而豪华的房子，我们也很清楚那不是资产，而是负债，因为它把钱从我们口袋中掏走了。

因此我提出这个富有争议的观点。我并不指望所有人都同意，因为房子还有感情层面上的意义。此外，对于钱的热衷也会降低财商，我的个人经验告诉我，钱能使决策变得情绪化。

- 对于房子，大多数人一生都在为一所他们从未真正拥有的房子而辛苦地工作。换句话说，大多数人每隔几年就买所新房子，每次都用一份新的30年期的贷款偿还上一笔的贷款。

- 即使人们住房按揭贷款的利息是免税的，他们还是要先还清各期贷款后，才能以税后收入支付各种开支。
- 当我的岳父岳母知道他们每月要为房子缴纳的财产税涨到1000美元的时候，简直惊呆了。他们已经退休了，这笔税款无疑使他们的日子很紧张。
- 房子的价值并不总是在上升。我的一位朋友有一所价值100万美元的房子，而今天这所房子在市场上远卖不到100万美元。
- 最大的损失是致富机会的损失。如果你所有的钱都投在了房子上，你就不得不努力工作，因为你的现金正不断地从支出项流出，而不是流入资产项，这是典型的中产阶级现金流模式。正确的做法应该是怎样的呢？如果一对年轻夫妇能够早点在他们的资产项中多些投入，他们以后的日子就会过得轻松些。他们的资产会不断增长，自动弥补支出。

决定买很昂贵的房子，而不是开始证券投资，将对一个人的生活在以下3个方面形成冲击：

1. 失去了用其他资产增值的时机。
2. 本可以用来投资的资本将用于支付房子高额的维修和保养

费用。

3. 失去受教育的机会。人们经常把他们的房子、储蓄和退休金计划作为他们资产项的全部内容。因为没钱投资，也就不去投资，这就使他们无法获得投资经验，并永远不会成为被投资界称为"成熟投资者"的人。而最好的投资机会往往都是先给那些"成熟投资者"的，再由他们转手给那些谨小慎微的投资者，当然，在转手时他们已经拿走了绝大部分的利益。

我并不是说就一定不能买房子。我的意思是要理解资产和负债的区别。当我想要换一所大一点的房子时，我会先买入一些资产，让它们创造能够支付这所房子的现金流。

20年后的今天
你的记分卡

没有财务报表，你就不会知道你在财务游戏中的位置。不管你愿不愿意，钱会告诉你你在这场"游戏"中的分数，财务报表就是你的记分卡。银行需要财务报表——收益表和资产负债表——来了解你在财务游戏中的得分。

我那受过良好教育的爸爸的财务状况，很好地描述了"老鼠赛跑"式的生活。他的支出总是和他的收入持平，根本不可能去投资。结果，他的负债总是比他的资产还多。

下面这张图的左半部分简单明了地解释了穷爸爸的收支情况。他的收入和支出总是持平，他的负债总是大于资产。

右半部分，富爸爸的财务状况反映了致力于投资和减少负债的结果。

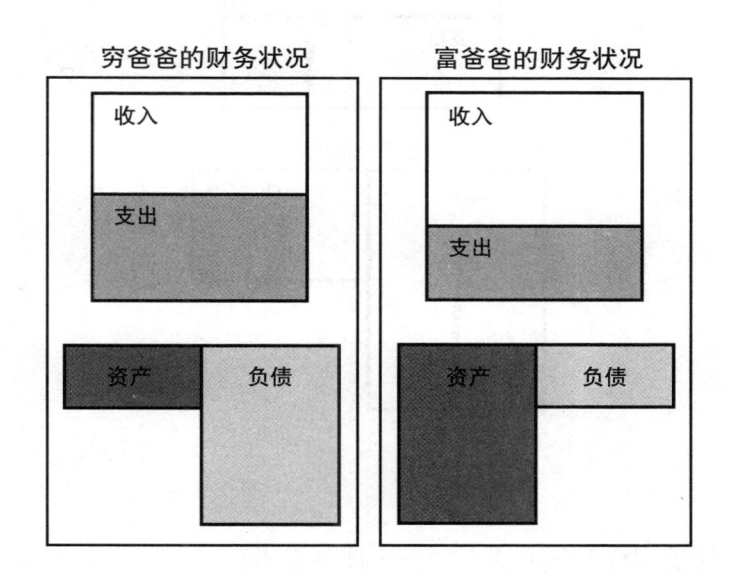

穷爸爸的财务状况

收入
支出
资产　负债

富爸爸的财务状况

收入
支出
资产　负债

为什么富人越来越富

关于富爸爸的财务状况的分析说明了为什么富人会越来越富。资产项产生的收入足以弥补支出，还可以用剩余的收入对资产项进行再投资。资产项不断增长，相应的收入也会越来越多。其结果是：富人越来越富！

收益表

收入	↑
支出	↓

资产负债表

资产 ↑	负债 ↓

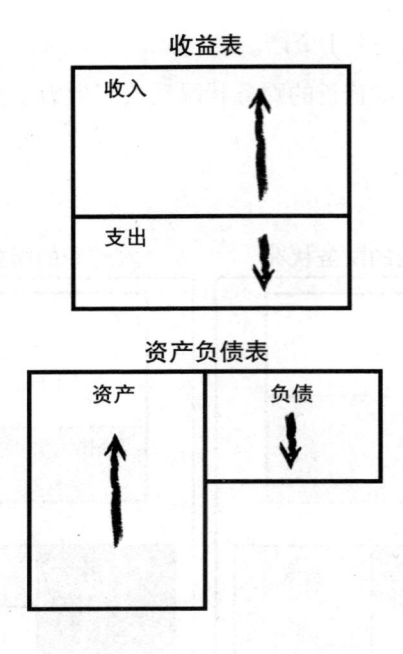

为什么中产阶级无法摆脱财务问题

中产阶级发现自己总是在财务问题上挣扎。他们最主要的收入就是工资，而当工资增加的时候，税收也就增加了，更重要的是他们的支出也和收入同步增加，接着是新一轮的"老鼠赛跑"。他们把房子作为最主要的资产，而没有把钱投在那些能带来收入的资产上。

收益表

收入 ↑
支出 ↑

资产负债表

资产	负债 ↑

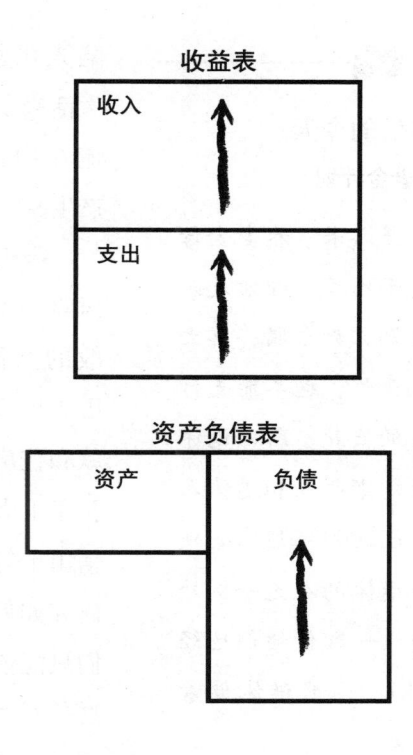

这种把房子当资产的想法和那种认为钱越多就能买更大的房子或更多东西的理财哲学就是今天这个债台高筑的社会的基础。过多的支出把家庭拖入债务和财务不稳定的旋涡之中，即使人们工作业绩优秀、收入固定增长，也会出现这种情况，而这种高风险的生活正是由于缺乏财商教育造成的。

最近一段时间经济不景气，出现大量失业的现象，这就已经表明了中产阶级的财务状况是多么脆弱。公司退休金计划突然被"401（k）退休金计划"所替代，很明显，社会保险体系已经

20年后的今天
养老金计划

从安然破产以来，养老金计划已明显地处于困境。即使是政府的养老金计划，如希腊、意大利和加利福尼亚州，也不能支付亏欠退休人员的钱款。所以退休计划已经不再是老年人和退休人员的避风港。当2009年股市暴跌时，那些即将退休的人无一例外地陷入了困境——即使他们已经加入了401（k）、注册退休储蓄计划或超级年金。

陷入困境，退休后的生活来源没有保障，恐慌在中产阶级中慢慢产生。

今天共同基金因其风险小而大受欢迎。一般的共同基金投资者因为忙着挣钱去支付税款和住房按揭贷款、为孩子上大学攒钱、偿还信用卡等，根本无暇去研究如何投资，所以他们只能依靠共同基金的财务专家来帮助他们投资。而且，因为共同基金投资多个项目，所以他们觉得自己的钱更安全了，因为风险被"分散"了。这些受过良好教育的中产阶级十分认同基金经理和财务计划提出的"风险分散"的说法，他们想安全运作，规避风险。

真正的悲剧是：正是由于早年缺乏必要的财务知识教育，才造成了中产阶级财务上的风险。而他们必须回避风险，是因为他们的财务状况不容乐观。他们的资产负债表从来没有平衡过，负担着大量债务而且没有能够产生收入的真实资产。一般说来工资是他们收入的全部来源，他们的生活完全依赖于他们的雇主。所以当名副其实的"关系一生的机会"来临时，这些人无法抓住，因为他们工作非常辛苦，并负担着高额的税和债务。

正如我在这一章开始时所说的，最重要的规则是弄清资产与负债的区别，一旦你明白了这种区别，你就会竭尽全力买入能带来收入的资产，这是你走上致富之路的最好办法。坚持下去，你的资产就会不断增加。同时还要注意降低负债和支出，这也会让你有更多的钱投入资产项。很快，你就会有钱来考虑进行一些投资了，这些投资能给你带来100%，甚至是无限的回报。5000美元的投资很快就能上升到100万美元或更多。这种被中产阶级称为"太冒险"的投资实际上并没有多大风险。只要你拥有足够的财务知识。

如果你盲从于别人，你的财务状况就会像下图展示的那样。

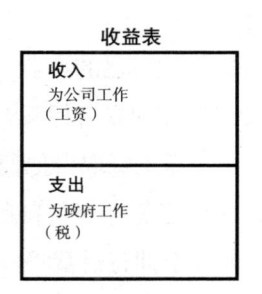

收益表

收入
为公司工作（工资）

支出
为政府工作（税）

资产负债表

资产	负债
	为银行工作（抵押贷款）

作为一个自己有房子的雇员,你努力工作的结果如下:

1. 你为公司工作。雇员的工作只会使雇主或股东更加富有,而不能使他们自己富有。你的努力和成功将使雇主更加成功并得以提早退休。
2. 你为政府工作。政府在你还未看到自己的工资时就已拿走了一部分,你努力工作,其结果是使政府的税收增加。实际上大多数人每年从1月到5月都是在为政府白白工作。
3. 你为银行工作。缴了税后,你的最大支出应该是抵押贷款和信用卡账单了。

问题是如果你只懂得努力工作,以上三方从你那儿拿走的劳动成果也就会更多。你需要学会怎样才能使你的努力更直接地为你和你的家人带来好处。

假如你决定集中精力创建自己的事业——努力获取更多的资产而非更高的工资,又该怎样确立目标呢?对大多数人而言,这个目标是保住他们的工作并靠工资取得他们想要的资产。

随着资产的增加,他们应怎样衡量自己是否成功了呢?他们知道自己有钱了,可那就等于拥有财富吗?

如同我有自己的关于资产和负债的定义一样,我也有对于财富的定义。实际上这是我从一个名叫巴克敏斯特·富勒的人那儿借用的。有人叫他骗子,而另一些人则称他为"生活大师"。几年前他申请了一种圆顶结构的专利,这在建筑业引起了颇多争议。在申请中,富勒讲了一些关于"财富"的话。起初他的话的确令人迷惑，但是读过之后，你就会觉得他说得有道理。他是这样定义的：

财富就是支撑一个人生存多长时间的能力，或者说，如果我今天停止工作，我还能活多久？

不像净资产被定义为资产和负债间的差额那样（这种定义常常与人们关于昂贵的古董以及某物值多少钱的观点相连），这样定义财富，就给了人们一种真实准确的财富衡量新方法，现在我能衡量并且确切地知道我经济独立的目标已实现到哪一步了。

净资产通常包括那些非现金资产，例如：你买回后堆在车库里的原材料。财富则衡量着你的钱能够挣多少钱，以及你的财务的生存能力。

财富是将资产项产生的现金与支出项流出的现金进行比较而定的。

让我们举个例子。比如说我的资产每月可产生1000美元，可我每月要支出2000美元，那我还有什么财富可言呢？

让我们回到富勒的定义。以他的定义来看，我还能活几天呢？按一个月30天来算，我只能活半个月。

如果我每月能从资产项得到2000美元，那我就有财富了。

虽然我没有什么钱，可我拥有财富了。现在每个月我从资产项得到的现金收入与支出等量。如果我想增加支出，就必须先增加资产项产生的现金来维持我的财富水平。注意，这时我不再依赖工资，我集中精力建立资产项，并取得了成功，它使我实现

20年后的今天
财富和现金储备

今天,没有几个人有足够的钱生活,哪怕只是一个月。例如,大多数美国人的存款还不足400美元。更令人震惊的是,据2016年"GOBankingRates"的调查报告统计:34%的美国人没有任何储蓄。很少有人可以在没有工资或政府资助的情况下生活下去。

了财务自由。如果我辞职了,我也能用每月资产项产生的现金维持支出。

我的下个目标是用资产项中的剩余现金进行再投资。流入资产项的钱越多,资产就增加得越快;资产增加得越快,现金流进来的就越多。只要我把支出控制在资产项能够产生的现金之下,我就会越来越富有,也会有越来越多的非劳动收入。

随着这种再投资过程的不断继续,我最终走上了致富之路。请记住下面这些话:

- 富人买入资产。
- 穷人只有支出。
- 中产阶级购买自以为是资产的负债。

那么我该怎样开始我的事业呢?请听麦当劳的创立者是怎么说的。

讨论学习环节
第二章
第二课　为什么要教授财务知识

Rich Dad, Poor Dad

第二章
第二课　为什么要教授财务知识

本章小结

差不多 35 年后，我们再来看看罗伯特和迈克的情况。迈克接管了他爸爸的公司，做得比富爸爸还要好。

至于罗伯特，他在 1994 年也就是他 47 岁的时候退休了。他和他的妻子的财富会自动增长，就像是一棵被培植得很好的大树一样。

他分享了一个一些最伟大的领导人和最富有的商界人士在 1923 年开会的故事——他们当中有人拥有最大的钢铁公司和煤气公司，有人经营纽约证券交易所，有人是内阁成员。然而 25 年之后，他们大多都落得悲惨的结局，有人破产，有人被流放，有人则被关进监狱。

1929 年的股市大崩溃和大萧条可能影响了他们的命运，但今天我们生活在一个比那时更混乱、变化更快的时代。在这个时代，比钱更重要的生存之道是我们所受的教育和学习的能力。

重要的不是你挣了多少钱，而是你能留下多少钱，以及能够留住多久。

所以当人们问起罗伯特该从哪儿开始致富时,他告诉他们富爸爸曾告诉他的答案:"如果你想发财,就要学习财务知识。"

罗伯特把很多人的行为比喻成在小房子的地基上建造摩天大楼。因为孩子们从学校毕业时几乎没有学到有关财务的知识,而当他们把人生投入到追逐美国梦时,他们发现自己深陷债务危机。他们可以看到的唯一出路就是发财。

但没有一定的财务知识背景,他们的努力就像是在脆弱的地基上建造摩天大楼,最后他们会发现他们建造的不是帝国大厦,而是一座斜塔。

然而,罗伯特和他的儿时伙伴迈克,在富爸爸的教导下,打下了坚实的财务知识基础,完全可以盖摩天大楼。

会计作为一门学科是枯燥和让人费解的——但对于达到财务上的成功来说又是非常重要的。为了让孩子们更容易接受,富爸爸采用图表的形式来给两个孩子教学。只有到后来他才加入一些数字来给孩子们解说核心概念。

首要的规则,罗伯特说,就是你必须明白资产和负债的区别,并且只购买资产。这就是所有你应该知道的。尽管这很简单,但是很多人仍然不能够理解。

当富爸爸第一次向两个孩子解释这些的时候,他们以为他在开玩笑。这么简单的道理大人怎么会不明白?难道不应该每个人都能成为富人吗?

问题是大多数人已经接受了来自银行家、财务规划师或其他领域专家的不同教育，所以他们就很难忘记已经学过的东西。有些人甚至觉得回归如此基础的知识降低了他们的水平。

对"资产"和"负债"的定义不是用词语而是用数字来表达。

罗伯特采用了富爸爸曾经用过的图表来帮助读者理解。

这是一张资产的现金流模式图：

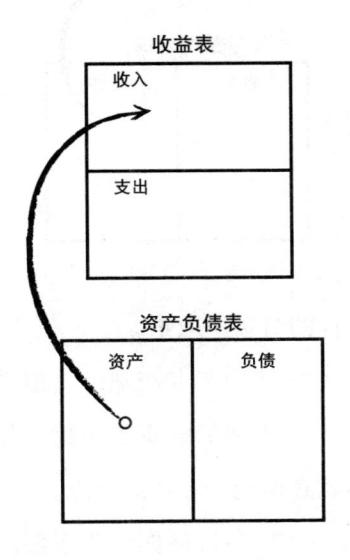

```
            收益表
    ┌──────────────────┐
    │ 收入             │
    │  ←───┐           │
    │      │           │
    ├──────┼───────────┤
    │      │ 支出      │
    │      │           │
    └──────┼───────────┘
           │
          资产负债表
    ┌──────┼─────┬─────┐
    │ 资产 │     │ 负债│
    │  ○───┘     │     │
    │            │     │
    └────────────┴─────┘
```

图表的上半部分是收益表，也常被称为损益表，它被用来衡量收入和支出：金钱的进入和流出。图表的下半部分是资产负债表，它被用来说明资产和负债的情况。

资产增加你的收入，它能把钱放进你的口袋。

这是一张负债的现金流模式图：

111

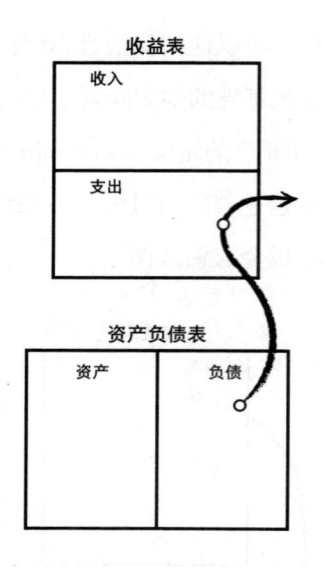

```
            收益表
    ┌─────────────────┐
    │ 收入            │
    │                 │
    ├─────────────────┤
    │ 支出            │
    │                 │
    └─────────────────┘

          资产负债表
    ┌────────┬────────┐
    │ 资产   │ 负债   │
    │        │        │
    │        │        │
    └────────┴────────┘
```

负债会把钱从你的口袋里取走。

  想变得富有吗？那就购买资产吧。这似乎很容易，但很多人陷入了财务危机，因为他们购买了负债。如果你想得到或者保住你的财富，你就必须充分理解这一点。

  这并非只是数字，它会告诉你一些东西。跟随图中的箭头来看看金钱是怎么流动的，或者说是"现金流"。它会告诉你财务状况的细节。

  这是一张穷人的现金流图：

收益表

收入
工作 → 工资

支出
税
房租
食物
交通费
衣服

资产负债表

资产	负债

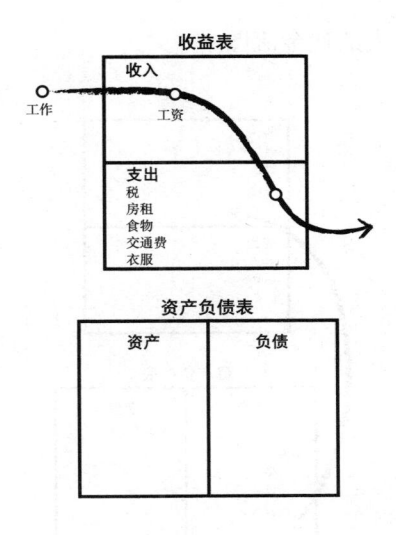

这是一张中产阶级的现金流图:

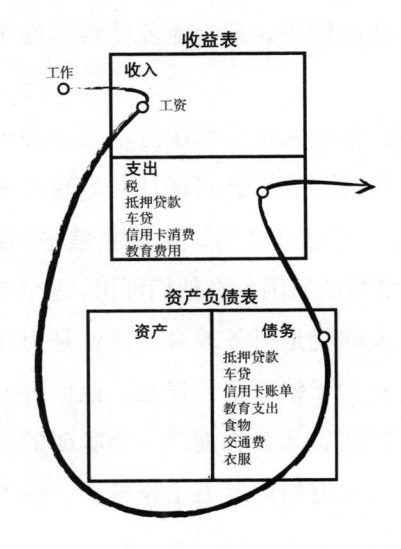

收益表

收入
工作 → 工资

支出
税
抵押贷款
车贷
信用卡消费
教育费用

资产负债表

资产	债务
	抵押贷款 车贷 信用卡账单 教育支出 食物 交通费 衣服

这是一张富人的现金流图：

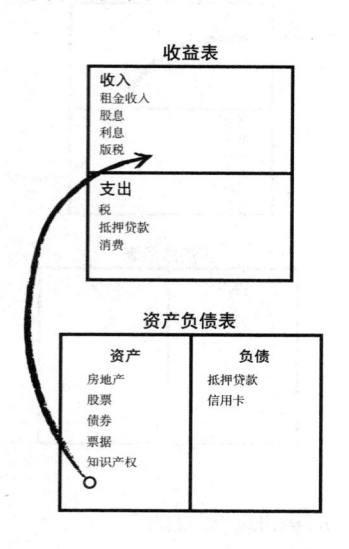

```
            收益表
┌─────────────────────────────┐
│ 收入                          │
│ 租金收入                      │
│ 股息                          │
│ 利息                        ↗ │
│ 版税                       │  │
│─────────────────────────── │─│
│ 支出                        │ │
│ 税                          │ │
│ 抵押贷款                    │ │
│ 消费                        │ │
└────────────────────────────┼─┘
                             │
          资产负债表          │
┌──────────────┬──────────────┐
│   资产       │   负债        │
│ 房地产       │ 抵押贷款      │
│ 股票         │ 信用卡        │
│ 债券         │              │
│ 票据         │              │
│ 知识产权     │              │
│ ○            │              │
└──────────────┴──────────────┘
```

通过这些简化的图表，现金流就能告诉你每个人怎么处理自己的钱。

通常，那些负债的人认为解决方法就是挣更多的钱。但更多的钱不仅不能解决问题，还可能让问题更严重。这也是为什么很多人在得到一笔意外之财，比如彩票中奖或者遗产之后，很快又陷入财务危机的原因。在他们那里，现金越多，花得越多。

大部分人缺失的就是财务教育。这就是为什么他们在职业上很成功但始终在为了钱而苦苦挣扎。他们可能已经学会了怎么挣钱，但却不知道怎么去管理。一个聪明的人，也可能是财务上的文盲。他们知道如何努力工作挣钱，却不知道如何让钱为他们努力工作。

罗伯特讲了一对新婚夫妇开始共同生活的故事。随着他们收入的增长，他们的支出也在增长。

和大多数人一样，这对夫妇的第一项支出是税。对于许多人来说，最沉重的压力不是来自个人所得税而是社会保险。它的税率大概为15%（社会保险和医疗保险的税率加在一起，所有这些都是雇主拿他本该付给雇员的钱去支付的）。在这个量的基础上，雇员还要支付个人所得税。

这对年轻的夫妇也面临着这些税的问题，当他们买了房之后，还有房地产税。伴随新房子而来的是一辆新车，新的家具，以及新的电器。突然间，他们的负债就上来了，到处是抵押债务和信用卡债务。

这对夫妇落入了"老鼠赛跑"的陷阱。再加上新生的宝宝，于是他们更加努力工作：更高的收入导致了更高的税收。他们的账单不断增多，最终将他们的房屋抵押获得一个债务合并贷款。但是他们的消费习惯没有改变——所以信用卡债务一直持续着——更别提他们已经加重的家庭债务。

对于这对夫妇以及像他们这样的人来说，真正的问题是不懂得怎么处理他们手中的钱。这也是由缺乏财务知识以及不理解资产和负债的区别引起的。

很多人不愿意花时间问这样一个问题：这有意义吗？他们只是简单地随波逐流。他们总会轻率地重复别人告诉他们的东西："分期付款""你的房子就是你的资产""欠债可以抵税""找一个稳定的工作""别犯错误""别冒险"。

因为罗伯特和迈克花了大量时间列席富爸爸与他身边的聪明

人的会议,所以他们学到了很多——他们开始质疑学校教的准则。这引起了一些问题,他们与他们的老师们的距离越来越远。

在钱的问题上,罗伯特也开始不同意自己父亲的观点,特别是当他的穷爸爸提到他的房子就是他最伟大的投资的时候。相反,富爸爸把他的房子当作一项负债。

很多人仍然相信他们的房子就是资产。但罗伯特教育他们说房子是负债,因为它把钱从你的口袋里拿走了——不仅仅因为那些伴随着房子的税收和支出,更因为房子的贬值和你把所有的钱都投在房子上后丢失的致富的机会,这也导致了你失去了学习投资经验的机会。

这并不表示你不能购买一个大一点的房子,而是首先要购买资产,以确保它所创造的现金流能支付你的房子。

当你有足够的资产能产生大于支出的收入时,剩余的收入还可以对资产项进行再投资。这样,你的资产负债表上的资产项会不断增加,收入也会随之增加。结果便是能够分清资产和负债的富人变得更富。

中产阶级深陷"老鼠赛跑"的陷阱是因为他们把房子当作资产,而没有把钱投在那些能带来收入的资产上。他们深陷其中还因为他们最重要的收入就是工资,而当工资增加的时候,税收也就增加了。

许多人购买了共同基金,请一个经理来管理他们的账户,因为他们没有时间或者专业知识来自己管理。他们觉得共同基金是安全的,他们也必须保证安全,因为他们的资产负债表是不平衡的。他们不能抓住机会,因为他们的债务已经爆表,只能靠工资带来一些收入。

想变得富有吗？努力去购买创造收入的资产吧——当你真正理解什么是资产的时候，降低负债和支出，这会使你的资产不断增多。

那么如何知道自己是否富有了呢？罗伯特引用了巴克敏斯特·富勒的定义："财富就是支撑一个人生存多长时间的能力，或者说，如果我今天停止工作，我还能活多久？"

用另一个方式来阐述：财富是将资产项产生的现金与支出项流出的现金进行比较而定的。当你的资产项能产生足够的收入来填补你的支出时，你就是富有的，即使你还没有什么钱。

左脑时刻：观察这些数字并学习它们所讲的故事。资产把钱放入你的口袋。如果有东西把钱从你的口袋里拿出来，它不是资产，而是负债。

右脑时刻：资产负债表清楚地解释了钱在不同人的生活中的运动规律。

潜意识时刻：被排斥的恐惧导致人们顺从，从不提出质疑，普遍接受别人的观点和流行趋势，最后却使自己的财务受到损害。

罗伯特说了什么

现在是开始反思的时间。问问自己："罗伯特在这段引述里说了什么？""他为什么会那样说？"在这个环节，无论你对罗伯特的那些说法是否赞成，只需理解他所说的内容即可。

　　切记，这个模块的设计是为了凸显讨论与合作的重要性。毕竟两个人的智慧大过一个人的智慧。如果你不理解罗伯特所说的内容，请不要害羞和回避。你可以向他人请教。花点时间讨论一下他的每段引述，直到你真的理解了。

　　重要的不是你挣了多少钱，而是你能留下多少钱。

　　只有知识才能解决问题并创造财富，那些不是靠财务知识挣来的钱也不会长久。

　　如果你要去建造帝国大厦，你要做的第一件事就是挖个深坑，打牢地基。如果你只是想在郊区盖个小屋，你只须用混凝土打15厘米厚的地基就够了。大多数人在努力致富时，总是试图在15厘米厚的混凝土上建造帝国大厦。

　　富人获得资产，而穷人和中产阶级获得负债，只不过他们以为那些负债就是资产。

　　如果你的模式是把收入都花掉，那么最可能的结果是在增加收入的同时也增加支出。

　　80%的家庭的财务报表表现的是一幅拼命工作、努力争先的图景，然而他们的努力都打了水漂，因为他们购买的是负债而非资产。

　　大多数人并不真正懂得钱的意义，因此只能被钱控制。

附加问题

现在是时候将这一章的故事和你对罗伯特的话的理解运用到自己的生活中去了。问问自己下面这些问题,并和自己的学习伙伴讨论。一定要对自己和你的学习伙伴诚实。如果你不喜欢自己给出的答案,问问自己是否愿意改变或者接受改变自己想法和心态的挑战:

1. 你的财务教育是从什么时候开始的?是从这本书开始的,还是其他的地方?

2. 当你第一次读到罗伯特对于资产和负债的定义时是什么反应?

3. 当罗伯特说到房子不是资产的时候你又是什么反应?你是否曾把自己的房子视为资产?当他进行充分论证后,你是否改变了想法?

4. 哪种现金流情况更贴近你的生活?

5. 除了你的房子,还有什么东西是你开始认为是资产后来证明是负债的?

6. 你是否同意这个观点:"大多数人的教育中缺少的不是如何挣钱,而是如何处理这些钱。"为什么?

7. 富爸爸告诉孩子们,在会计上,关键不是数字,而是数字要告诉你的东西。你生活中的数字又告诉了你什么?

8. 你的生活中是否有某个时刻看起来是取得了一个小成就，比如晋升或者加薪，然而又没有带来资产负债表上你想要的结果？

9. 如果你今天停止工作你还能生存多少天？这个数字是否让你感到惊讶或恐慌？

术语解析

401（k）：美国的一项退休储蓄计划。由《1974年雇员退休收入保障法案》发展而来，当时的企业意识到它们不能再为雇员提供养老金。

资产：以最低限度的劳动将钱放到你口袋里的东西。

资产负债表：收益表的下半部分，之所以这么叫是因为它是用来平衡资产和负债的。

现金流：现金流进（收入）和现金流出（支出）。现金流的流向决定了什么是收入，什么是支出，什么是资产，什么是负债。现金流说明一切。

理财态度：在你赚了钱之后如何处理这些钱，又怎样防止别人从你手中拿走这些钱，怎么才能拥有这些钱更久，如何让钱为你工作。

黄金规则：有黄金的人制定规则。

收入：个人或企业进行商业活动作为回报得到的钱。

收益表或损益表：衡量收入和支出——钱的流入和流出。

负债：把钱从你的口袋里拿走的东西。

共同基金：集合股票、债券、证券等多种投资形式，由专业的投资公司管理，私人投资者通过购买份额以获取收益的投资方式。拥有共同基金的份额不代表拥有直接的相应公司的价值。

社会保险：一项社会福利或社会保险制度，通常由自动扣除工资而获得资金，用于补贴老年人或者残疾人。

读书笔记

第三章

第三课　关注自己的事业

富人关心的焦点是资产而其他人关心的是收入。

1974年,麦当劳的创始人雷·克罗克,被邀请去奥斯汀为得克萨斯州立大学的MBA班做演讲,我的一个好朋友正是这个班上的一名学生。在一场激动人心的讲演之后,学生们问雷是否愿意去他们常去的地方一起喝杯啤酒,雷高兴地接受了邀请。

每个人都拿到了啤酒,这时雷问:"谁能告诉我我是做什么的?"

"当时每个人都笑了,"我的朋友说,"大多数学生都认为雷是在开玩笑。"

见没人回答他的问题,于是雷又问:"你们认为我是做什么的呢?"

学生们又笑了,最后一个大胆的学生叫道:"雷,地球人都知道你是做汉堡包的。"

雷哈哈大笑："我料到你们会这么说。"他止住了笑声，并很快地说："女士们、先生们，其实我并不是做汉堡包的，我真正的生意是房地产。"

我的朋友说雷花了很长时间来解释他的话。在雷的商业计划中，麦当劳的基本业务是出售麦当劳各个分店。他一向很重视每个分店的地理位置，因为他知道房产和位置将是每个分店获得成功的最重要的因素。实际上，是那些买下分店的人在为麦当劳买下的土地支付费用。

麦当劳今天已经是世界上最大的独立房地产商了，它拥有的房地产甚至比天主教会还多。今天，麦当劳在美国以及世界其他地方都拥有一些位于街角和十字路口的黄金地段。

我的朋友说那是他一生中最重要的一课。今天，他经营着洗车房，但他最重要的业务其实是经营洗车房的地产。

在上一章的结尾，我们用图表说明了大多数人工作其实是为其他人，而非他们自己。首先他们要为公司的老板工作，其次是通过纳税为政府工作，最后是为向他们提供住房按揭贷款的银行工作。

20年后的今天
快进：2017年

麦当劳、7-11和肯德基保留了三大特许经营品牌的地位。2016年，200家最大的特许经营品牌销售额总计增长了2.2%，即125亿美元。

小时候，我家附近没有麦当劳。然而，富爸爸却向我和迈克传授了类似于雷·克罗克向得克萨斯州立大学的MBA们所传授的内容，这就是致富的第三个秘诀："关注自己的事业。"

存在财务问题的人经常耗费一生为别人工作，其中许多人在他们不能工作时就变得一无所有。

我们当前的教育体系致力于让年轻人学习知识并找到一份好工作，他们的生活将围绕工资或前面提到的收入项进行。有许多人还会进行进一步的深造，被培养成为工程师、科学家、厨师、警察、艺术家、作家，等等，这些职业技能使他们能成为工薪阶层并为钱而工作。

请注意，你的职业和你的事业有很大的差别。我经常问人们："你的事业是什么？"他们会说："我在银行工作。"接着我问他们是否拥有一家银行，他们通常回答："不是的，我只在那儿工作。"在这个例子中，他们混淆了他们的职业和事业，他们可以在银行工作，但他们仍应有自己的事业。

学校的问题是你在那里学到什么，就会从事什么。如果你学的是烹调，你就会成为一名厨师；如果你学的是法律，就会当上律师；如果你学的是自动化，就会成为机械师。从事你所学的专业的可怕后果在于，它会让你忘记关注自己的事业。人们耗尽一生去关注别人的事业并使他人致富。

为了财务安全，人们需要关注自己的事业。你的事业的重心是你的资产项，而不是你的收入项。正如以前说过的，秘诀就是要知道资产与负债的区别，并且去买入资产。富人关心的焦点是资产而其他人关心的是收入。

这就是我们为什么总是听到人说："我要加薪""我要是能升职该有多好""我要回学校去继续深造以便找到一份更好的工作""我要去加班""也许我能干两份工作"，等等。

在某些情况下，这些想法都是明智的。但你还没有关注自己的事业，上面这些想法只是围绕着工资收入转。只有你把额外的收入用来购买可产生收入的资产，你才能获得真正的财务安全。

> 存在财务问题的人经常耗费一生为别人工作。

大多数穷人和中产阶级财务保守（这意味着他们无法承担风险）的根本原因在于，他们没有经济基础。他们必须依附于工作，必须安全运作。

当经济衰退不可避免地来临时，数以万计的工人将发现他们所谓的最大的资产——房子，正要活活地吃掉他们！这项叫作房子的资产每个月都要花钱。汽车——他们的另一项"资产"，也在吞噬他们的生活。车库里花1000美元买来的高尔夫球

20年后的今天
失业

尽管各种报告使用不同的公式和统计数字，但它们都在阐述一个问题：失业率已创历史新高。据国际劳工组织预测，2017年全球失业人数可能达到2亿。

还有一个不容乐观的情况：机器人的兴起……

杆，现在已经不值100美元了。没有了职业的保障，他们也就失去了生活依靠。他们所认为的资产无法帮他们渡过财务危机。

我猜我们中的大部分人都填过信贷申请表，来获得贷款买房或买车。所谓的"净资产"是十分有意思的，那是因为按照银行的会计惯例，允许人们计为资产的东西十分有趣。

有一天，由于我的财务状况看似不佳，所以我决定申请一笔贷款。于是我把新买的高尔夫球杆，我的艺术藏品、书、电子产品、阿玛尼西装、手表、鞋和其他个人用品通通填到资产项中以增加资产的数目。

最后我的贷款申请还是被拒绝了，原因是我投资了太多的房地产。信贷委员会不信任我从房地产投资中获取的大量收入，他们只想知道为什么我没有一份能挣到薪水的正式工作。他们也不问阿玛尼西装、高尔夫球杆或艺术藏品是从哪里来的。当你不符合"标准"的规范时，生活将是严峻的。

每次当我听到某人说他的净资产是100万美元或10万美元或是其他任何数字时都会有点害怕。净资产并不是一个确定的东西，这主要是因为在你开始出售资产时，你还要为获得的收入缴税。

所以许多收入少的人更容易陷入财务困境。为了获得更多的现金，他们不得不出售资产。但他们个人资产的卖价远比他们在资产负债表上列出的数字低。如果卖掉资产之后获得了收益，他们还要缴税，所以说每获得一次收益，政府就会从中拿走一份，从而减少了可以用来帮助他们摆脱债务的现金。这就是我说某人实际的净资产要比他们自己认为的少得多的原因。

开始关注你自己的事业，在继续工作的同时购买一些房地产，而不要买负债或是一旦被你带回家就没有价值的个人用品。在你把一辆新车开出停车场的同时，它已经贬值25%了。汽车不是真正的资产，即使你的银行经理让你把它列入资产项。一根新的价值400美元的钛合金高尔夫球杆被我开过球后，就只值150美元了。

对成年人而言，把支出保持在低水平、减少借款并勤劳地工作会帮你打下一个稳固的资产基础。对于还未经济独立的年轻人来说，父母应该教他们搞清楚资产和负债的区别，让他们在离家、结婚、买房子、生孩子、陷入财务危机、完全依赖工作和贷款之前建立起坚实的资产基础，这是非常重要的。我见过许多年轻夫妇，在结婚后不久就陷入了即使工作多年也无法摆脱债务的生活方式中。

对大多数人而言，当他们最小的孩子离开家时，他们才意识到自己还没有为退休做好足够的准备，于是开始拼命地挣钱。接着，他们的父母又病了，他们又背上了新的负担。

那么，你或你的孩子应该获取什么样的资产呢？依我看，真正的资产可以分为以下几类：

- 不需我到场就可以正常运作的业务。我拥有它们，但由别人经营和管理。如果我必须在那儿工作，那它就不是我的事业而是我的职业了。
  - 股票
  - 债券
  - 能够产生收入的房地产
  - 票据（借据）
  - 版税，如音乐、手稿、专利
  - 其他任何有价值、可产生收入或有增值潜力并且有很好销路的东西

当我还是孩子的时候，我受过良好教育的爸爸就鼓励我找份安稳的工作，而富爸爸则鼓励我去获得我所喜爱的资产。"因为如果你不喜欢它，就不会关心它。"我选择房地产是因为我喜欢建筑物和土地，我喜欢购买它们。我愿意整天看着它们，即使有问题出现，也不会糟到使我不再喜爱它们。但对于那些本来就憎恶房地产的人来说，投资房地产显然不是一个好主意。

开始关注你自己的事业，在继续工作的同时购买一些房地产，而不要买负债。

我也喜欢小公司的股票，尤其是刚成立的公司，因为我是一个企业家而不是一个雇员。我早年也曾在一些大机构工作，如加利福尼亚标准石油公司、美国海军陆战队和施乐公司。在这些

机构做事给我留下了愉快的回忆。但我深知我不只是一名雇员，我喜欢开办公司但不喜欢去经营它们，所以我买的股票都是小公司的。有时我甚至自己创办小公司并把它们上市，在新股发行中创造财富，我喜爱这种游戏。许多人害怕买小公司的股票，认为它们风险大，事实上也确是如此。但是如果你喜爱你所投资的对象，了解它并懂得游戏的规则，风险就会降低。对于小公司，我的投资策略是：一年内脱手。另一方面，我的房地产投资策略则是从小买卖开始一点点做大，条件允许的话尽量晚一些出手，这样做的好处是可以延迟缴纳所得税，从而使资产戏剧化地增长。我持有的房产通常会在7年内脱手。

多年来，甚至当我还在海军陆战队和施乐公司做事的时候，我就按照富爸爸的建议去做事。我上班，但同时也关注自己的事业。我通过买卖小公司的股票和房地产，努力增加我的资产项。富爸爸总是强调财务知识。我对会计和现金管理懂得越多，我就越能更好地进行投资分析并开始建立自己的公司。

我并不鼓励那些不想创立自己公司的人也去这么干。因为知道其中的曲折，所以我并不希望每个人都去经营公司。不过，当人们找不到工作时，开公司看起来是最好的解决办法，但失败的几率是这样的：新公司中10成有9成会在5年内倒闭，存活下来的公司在下一个5年内又会有9/10最终倒闭。所以只有当你真的想拥有自己的公司时，我才建议你这么做。否则，你还是继续上班并关注自己的事业吧。

当我说关注自己的事业时，我的意思是建立自己牢固的资产。一旦把1美元投入了资产项，就不要让它出来。你应该这么想：这1美元进了你的资产项，它就成了你的雇员。关于钱，最妙的就是让它可以一天24小时不间断工作，还能为你的子孙后代服务。你要照常去工作，做个努力的雇员，但要不断构筑你的资产项。

当你的现金流增加时，你可以买点儿奢侈品。富人与穷人一个重要的区别就是：富人最后才买奢侈品，而穷人和中产阶级会先买下诸如大房子、珠宝、皮衣、宝石、游艇等奢侈品，因为他们想让自己看上去很富有。他们看上去的确很富有，但实际上他们已深陷贷款的陷阱之中。那些能给子孙留下遗产的人和那些能长期富有的人，就是先构筑资产项，然后才用资产所产生的收入购买奢侈品的，而穷人和中产阶级则用他们的血汗钱和本应该留给子孙的遗产来购买奢侈品。

真正的奢侈品是对投资和积累真正资产的奖励。例如，当我和我妻子通过房地产生意获得了额外的收入时，她去买了辆奔驰汽车。这不是因为她增加工作量或是冒着风险才买下的，是她在房地产生意上的收益为她支付了这辆车。然而，在房地产投资升值并最终有足够的现金流得以购买这辆车之前，她等了4年。这奢侈品的确是个奖励，因为它证明了她知道如何增加自己的资产。那辆车对她的意义已不仅是一辆漂亮的车，而意味着她能用自己的财务知识得到它。

大多数人则会冲动地用贷款去买新车或其他奢侈品，他们可能对生活有些厌烦了，所以期待有点新玩意儿。用贷款买奢侈品，结果迟早会让人们放弃那些东西，因为借下的债是个沉重的负担。

在你花时间投资并创建自己的事业之后，就准备好迎接那个富人的最大秘密吧。这个秘密铺平了富人的致富之路。

讨论学习环节
第三章

第三课　关注自己的事业

Rich Dad, Poor Dad

第三章

第三课 关注自己的事业

本章小结

　　1974年,罗伯特的一个朋友在奥斯汀得克萨斯州立大学听到了麦当劳创始人雷·克罗克的演讲。后来,雷同意加入同学们到他们最喜欢的一个地方一起喝些啤酒。

　　雷问同学们他做的是什么生意。起初同学们都笑了,然后想当然地告诉他他是卖汉堡包的。

　　但是雷告诉他们,他不是卖汉堡包的,而是做房地产的。他知道房产和位置是每个分店获得成功的最重要的因素。今天,麦当劳已经是世界上最大的独立房地产商了,在全球拥有一些位于街角和十字路口的黄金地段。

　　罗伯特的朋友把那一堂课铭记在心,如今他拥有一家连锁洗车房——但他的最重要的业务是经营洗车房的地产。

　　大多数人工作是为其他人:他们的老板、政府(税)、银行(抵押贷款)。雷·克罗克和富爸爸所知道的第三个致富秘诀是:关注自己的事业。不要耗费一生为别人工作。

　　职业和事业之间有很大的差别。罗伯特经常问人们:"你的事业是什么?"人们回答:"我在银行工作。"然后他会问他们是否拥有一家银行,他们通常会回答:"不,我只是在那儿工作。"在这个例子中,他们混淆了职业和事业的概念。他们的职业可能是在银行工作,但他们仍应有自己的事业。

很多人耗尽一生去关注别人的事业并使他人致富。

关注自己的事业并不意味着要开一个公司,虽然有些人会这样。你的事业的重心应该是你的资产项,而不是你的收入项。

晋升或者一份更好的工作只是围绕着工资收入转。只有你把额外的收入用来购买可产生收入的资产,你才能真正感到财务安全。

大多数穷人和中产阶级财务保守的根本原因在于,他们没有经济基础。他们必须依附于工作,安全运作,他们无法承担风险。

当经济衰退来临时,很多人认为资产无法帮助他们渡过财务危机。汽车已经贬值。那些高尔夫球杆呢?同样也如此。

很多情况下,银行在财务报表上允许人们列出的资产并不是他实际的资产。

罗伯特有一次申请贷款被银行拒绝了,因为银行不关心他能从租金里得到多少钱而只关心为什么他没有一份正式工作。

净资产并非人们所认为的那样是个确定的东西。很多所谓的资产并没有人们认为的那样有价值,因为你在开始出售时,你还要为获得的收入缴税。

所以罗伯特告诉人们要开始关注自己的事业。你可以继续白天的工作,但要购买真正的资产,而不是负债或一带回家就没有价值的个人用品。保持低支出,降低负债,为坚实的资产打造基础。

父母需要在年轻人离家之前教会他们这些,这样他们才会明白什么是真正的资产而不会导致自己被困在债务中。

罗伯特说真正的资产分为以下几类:

1. 不需我到场就可以正常运作的业务。我拥有它们,但由别人经营和管理。如果我必须在那儿工作,那它就不是我的事业而是我的职业了。
2. 股票
3. 债券
4. 能够产生收入的房地产
5. 票据(借据)
6. 版税,如音乐、手稿、专利
7. 其他任何有价值、可产生收入或有增值潜力并且有很好销路的东西

去获取你喜欢的资产。罗伯特喜欢房地产,因此他花了大量的时间思考并购买。如果你并不喜欢房地产,就不要投资它。

罗伯特还喜欢购买小公司的股票,尤其是刚成立的公司,因为他自己是一个企业家。有些人觉得购买小公司的股票太冒险了,但他却把这看成是发财的好方法。他的策略是一年之内脱手。而另一方面,他的房地产投资策略是从小买卖开始一点点做大(延迟缴纳所得税),通常在7年内脱手。

即使在他为海军陆战队和施乐公司工作的时候,罗伯特也在关注自己的事业。他一边坚持日常的工作,一边买卖房地产和小公司的股票,以增加自己的资产项。

他对会计和现金懂得越多,就越能更好地进行投资分析,最后他成立了自己的公司。

他并不建议人们去成立一个公司除非他是真的有这个意愿。否则,他会建议人们坚持日常的工作并关注自己的事业:建立自己稳固的资产。

随着现金流的增加,人们可能沉迷于奢侈品——但只有流动的现金才能购买它们。构筑资产项,然后用资产所产生的收入去支付这些奢侈品。

> **左脑时刻**:当资产产生的收入能够支付奢侈品时,才是你可以购买它们的时候。
>
> **右脑时刻**:创造性地去想一想什么才是你的事业,而不是你的职业。
>
> **潜意识时刻**:获取你所喜欢的资产,这样你才能很好地打理它们,享受其中的学习过程。

罗伯特说了什么

现在是开始反思的时间。问问自己:"罗伯特在这段引述里说了什么?""他为什么会那样说?"在这个环节,无论你对罗伯特的那些说法是否赞成，只需理解他所说的内容即可。

切记，这个模块的设计是为了凸显讨论与合作的重要性。毕竟两个人的智慧大过一个人的智慧。如果你不理解罗伯特所说的内容，请不要害羞和回避。你可以向他人请教。花点时间讨论一下他的每段引述，直到你真的理解了。

为了财务安全，人们需要关注自己的事业。

富人关心的焦点是资产而其他人关心的是收入。

存在财务问题的人经常耗费一生为别人工作，其中许多人在他们不能工作时就变得一无所有。

净资产并不是一个确定的东西，这主要是因为在你开始出售资产时，你还要为获得的收入缴税。

一旦把1美元投入了资产项，就不要让它出来。你应该这么想：这1美元进了你的资产项，它就成了你的雇员。关于钱，最妙的就是让它可以一天24小时不间断工作，还能为你的子孙后代服务。

一个重要的区别就是：富人最后才买奢侈品，而穷人和中产阶级会先买奢侈品。

穷人和中产阶级用他们的血汗钱和本应该留给子孙的遗产来购买奢侈品。

附加问题

现在是时候将这一章的故事和你对罗伯特的话的理解运用到自己的生活中去了。问问自己下面这些问题，并和自己的学习伙伴讨论。一定要对自己和你的学习伙伴诚实。如果你不喜欢自己给出的答案，问问自己是否愿意改变或者接受改变自己想法和心态的挑战：

1. 你的职业是什么，你的事业又是什么？两者有何区别？
2. 在你阅读本章之前，你会把哪些东西计算到你的净资产里面去？现在你如何看待它们？
3. 你所获取的资产是不是你喜欢的？如果不是，你将怎样替换它们？
4. 有没有一个时刻，你的现金流说明你不可以购买奢侈品而你购买了它？又有没有一个时刻，你的现金流说明你可以购买奢侈品你才购买了它？对比这两种情况下购买时和购买后你的感受。
5. 你的家庭成员中是否有人耗尽一生为他人工作，最后一无所获？如果可以，你建议他们怎么做？

术语解析

债券：一种由授权发行者发行的向投资者借债并承诺到期偿还本金和利息的债务证券。

企业家：以获取利润为目的，创造一套体系来提供某个产品或服务的人。企业家愿意接受一定程度的风险来追求机会，在资本主义社会具有举足轻重的作用。

财务报表：一项关于你的收入、支出、资产、负债的表格。当你离开学校后，银行会根据你的这份"成绩单"来决定是否借给你钱。

股票：一个企业通过分配股份来筹措资金。

读书笔记

第四章

第四课　税收的历史和公司的力量

> 富爸爸做得更聪明，他利用公司——富人的最大秘密——来达到他的目的。

我还记得在学校里听过的关于绿林好汉罗宾汉的故事，我的老师认为这是一个浪漫的英雄主义传奇，一个劫富济贫的故事。但我的富爸爸却认为罗宾汉不是英雄，他称罗宾汉为窃贼。

罗宾汉已经死去很久了，但他的门徒甚多。我经常会听到这样的话："为什么不让富人来承担"或是"富人应缴更多的税让穷人受益"。

而今，罗宾汉劫富济贫的想法却成了穷人和中产阶级最大的隐痛。由于罗宾汉的理想，中产阶级现在承担着沉重的税负。事实上富人并未被征税，是中产阶级尤其是受过良好教育的高收入的中产阶级在为穷人支付税金。

要讲清这个道理，我们需要回顾一下关于税收的历史。我的受过高等教育的爸爸是教育史方面的专家,而富爸爸则自学成为一名受欢迎的税收史的专家。

富爸爸告诉我和迈克,英国和美国在早期是不需纳税的,只有一些因为战争而临时征收的税,英国国王和美国总统把它称为"纳捐"。英国在1799年到1816年间为了与拿破仑作战而征税,美国则在1861年到1865年间为了应付内战而征税。

1874年,英国规定纳税是国民的义务。1913年,美国通过了《宪法修正案》(第16条),也规定了要征收所得税。美国人曾经反对纳税,过重的茶税促使波士顿港的茶党成立并最终成为独立战争的导火索。英国和美国都花了几乎50年来培养公众的缴纳所得税的意识。

这些历史事件没有揭示的是,这些税最初只是针对富人,这一点富爸爸希望我和迈克明白。他解释说纳税被大众普遍接受,是因为它告诉穷人和中产阶级税收只是为了惩罚有钱人。因此,大众才投了赞同票,依法纳税才被写入了宪法。税收的初衷是惩罚有钱人,而现实却是它惩罚了对它投赞同票的中产阶级和穷人。

"政府一旦尝到了钱的滋味,它的胃口就变大了。"富爸爸说,"你爸爸和我对这一点的看法是对立的。他是政府官员,而我是资本家,我们都得到了报酬,但我们对成功的衡量标准却相反。他的工作是花钱和雇人,他花的钱和雇的人越多,他的机构就会越大。在政府中,谁的机构更大,谁就更受尊敬。而在我的公司中,我雇的人越少,花的钱越少,我就越能受到投资者的尊敬。这就是我不喜欢政府官员的原因。他们与大多数生意人的目标不同。随着政府规模的不断扩大，就需要征收更多的税以维持运营。"

我受过良好教育的爸爸真诚地相信政府应该帮助人民。他崇拜约翰·肯尼迪，尤其推崇肯尼迪的和平队计划①。他是如此热爱这个计划以至于他和我妈妈都在和平队工作，培训去马来西亚、泰国和菲律宾服务的志愿者。他总是努力寻求拨款和增加预算，以便能雇用更多的人为他所在的教育部和和平队工作。

从我10岁起，我就听富爸爸说政府人员是懒惰的窃贼，而穷爸爸却说富人是贪婪的强盗，他们应该缴更多的税。我相信双方都有其正确的地方。然而，我为镇上最大的资本家工作而回到家却要面对作为杰出政府官员的爸爸，这两件事绞在一起

> 富爸爸认为罗宾汉不是英雄，他称罗宾汉为窃贼。

显然越来越难以协调了。我不知道该相信谁的话。

然而，当你研究税收史时，你会发现一个有趣的现象。如前所述，税之所以被接受是因为大众相信罗宾汉式的经济理论，即劫富济贫。问题是政府对钱的胃口越来越大，以致中产阶级也要被征税，且税收的范围不断向穷人扩展。

另一方面，富人则看到了机会，他们不按同一套牌理出牌。

---

① 和平队计划是指派遣以大学毕业生为主的美国青年到发展中国家从事教学、社区开发、医疗保健等工作。1961年，美国总统肯尼迪发布行政命令成立了一个暂时性的志愿性组织——和平队，后来美国国会通过《和平队法》，使和平队获得永久性授权。

20年后的今天
富人不缴税

富人永远不会缴税。我们越来越频繁地看到政府利用税法刺激企业主和投资者创造更多的工作机会和住房。这些刺激政策降低了富人的税收。所以，政府只能从中产阶级那里获得税收。

正如我所说的，他们非常了解公司的魔力，而公司在海上贸易兴盛时变得日益普遍。富人通过创办公司来限制其每次航行的风险。他们把资金注入一间公司，这间公司则雇一批船员去"新世界"寻宝。一旦船沉了，船员会丧生，但富人损失的仅限于他投资这次航行的资金。

下图显示出公司与个人的收益表和资产负债表是不一样的。

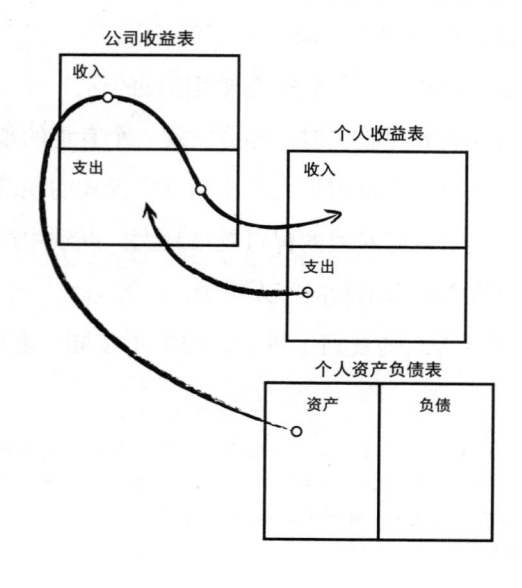

```
       公司收益表
    ┌──────────┐
    │ 收入     │
    │          │
    ├──────────┤        个人收益表
    │ 支出     │      ┌──────────┐
    │          │      │ 收入     │
    └──────────┘      ├──────────┤
                      │ 支出     │
                      └──────────┘

                      个人资产负债表
                      ┌─────┬─────┐
                      │资产 │负债 │
                      │     │     │
                      └─────┴─────┘
```

有关企业的法律知识给予富人超出穷人和中产阶级的极大优势。由于有两个爸爸在教我，一个是政府官员，另一个是企业家，我很快便认识到企业家的哲学对我积聚财富更有意义。看起来税收最终只是惩罚了穷人和中产阶级自己，因为他们缺少财务知识。无论"劫富"的呼声多高，富人总有办法从中脱身，这就是税收最终总会落到中产阶级头上的原因。富人胜过那些受过良好教育的人，是因为他们明白钱的力量，这是学校不曾教过的科目。

富人是怎样胜过受过良好教育的人的呢？"劫富"的税法被通过后，钱便开始流入政府。起初人们很高兴，但政府却把钱分配给了雇员和富人。收上来的税金通过工资和退休金的形式发放给了政府雇员，又通过政府采购的形式付给了富人。政府成了一个巨大的钱库，但这里还有财政管理的问题。政府的政策是，不能握有过多的钱。如果你没有用完预算的资金，下次你所得到的钱就可能减少，你不会因为有节余而被认为是有效率。而商人恰恰相反。随着政府支出不断扩大，对钱的需求也越来越大，于是税收的范围开始扩大，延伸到当初给它投票的穷人和中产阶级。

真正的资本家则利用他们的财务知识逃脱了。他们借助于公司的保护来避税。但是许多没有建立过公司的人不知道这一点，公司并不一定是一个真正的实体，公司可以只是一些装着法律文件的文件夹，在政府机构注册后就被放在了律师的办公室里。公司并不意味着一定有刻着公司名称的办公楼、厂房和雇员，它可以只是一个没有灵魂的法律实体，它使富人的财富在这里受到保护。所得税法被通过之后，成立公司就变得流行起来了，因为企业所得税率低于个人收入所得税率。此外，公司的某些支出可以用税前收入支付。

有产者和无产者之间的斗争已有几百年了。在任何时候、任何地方只要制定法律，就会发生这种斗争。斗争会永远持续下去，吃亏的人一定是无知者，即那些每天起来勤奋工作去付税的人。但是如果他们了解富人玩的游戏，他们也会来玩，这样他们就可以实现财务自由。这也是每当我听到父母劝说孩子去学校努力学习，以便找个安稳的工作时会感到忧虑的原因，一个有着安稳工作的雇员，如果没有财务头脑，仍然躲不开财务上的陷阱。

今天平均每个美国人每年要工作4～5个月，才能挣出足够的钱向政府缴税。在我看来，时间真是太长了。他们工作得越努力，付给政府的税就越多，这也使我更加确信这种"劫富"的想法最终对付的是持有这种观念的人。

每当人们想惩罚富人时，富人不会坐以待毙，而是进行反击。他们有钱、有能力、有决心去改变处境。他们决不会坐视不管，自动地缴纳高额的税款，他们会想办法把税负降至最低。他们雇用聪明的律师和会计师，说服政客们改变法律，钻法律的漏洞，他们有能力扭转乾坤。

美国的税法允许人们采用合理的方法避税，大多数人都可以运用这些方法，但实际上只有富人才常用它们，因为他们关注自己的事业。例如，我们说的"1031条款"就是指《国内收入法》第1031款，它允许销售者对"为购买更贵的房地产而卖出现有房地产时"获得的资本利得延迟纳税。按照此项规定，房地产是具有税收优惠的投资工具，只要你不断进行上述价值交换，你就无须纳税,直到你将房地产售出变现。不利用这些合法手段避税的人会失去很多增加资产项的机会。

穷人和中产阶级没有这种智慧,所以他们只能坐等政府的针头刺进他们的手臂,贡献自己的鲜血。现实情况令我震惊:竟有如此多的人在支付高额税款,却很少想到要使用合理合法的避税手段,他们这么做只是因为他们害怕政府。我有一些开公司的朋友,他们发现要面对各式各样的税收,深感恐惧,于是放弃了自己的事业。尽管我也知道这些税,但仍认为仅仅因为这种恐惧就从1月到5月都为政府打工,代价未免太高了。对此穷爸爸从不反抗,富爸爸也不反抗——但他做得更聪明,他利用公司——富人的最大秘密——来达到他的目的。

20年后的今天
收税人

收税人将尽可能取得更多。税收制度基本上是公平的,因为它对有相同情况的人是一样的。如果您愿意投资,税法将有利于你。如果你只想花钱及购买债务,税法就不会给你任何空隙——你可能会缴纳尽可能多的税款。

你可能还记得我从富爸爸那里学到的第一课,那时我只是一个9岁的孩子,必须乖乖地坐等着他决定何时与我谈话,我坐在他的办公室里等他叫我,可他却故意忽略我。他想让我认识到他的力量并希望有一天我也能具有这种力量。在我跟他学习的这些年中,

他总在提醒我知识就是力量，而且钱越多，就越需要知识管理它，使它继续增加。没有这种知识，世界就会牵着你走。富爸爸经常提醒我和迈克，最大的敌人不是老板或上司，而是税负，税负总想从你那里拿走更多，如果你不进行阻止。

> 如果你为钱工作，你就把力量给了你的老板；如果让钱为你工作，你就能控制这种力量。

学习让钱为我工作而不是我为钱工作的第一课，关系到力量。如果你为钱工作，你就把力量给了你的老板；如果让钱为你工作，你就能控制这种力量。

当我们明白了让钱为我们工作的道理，富爸爸就希望我们精于计算而不要让钱牵着我们走。如果你对法律一无所知，就很容易被欺负；如果你了解法律，你就有还击的机会。这也是富爸爸高薪雇用聪明的会计师和律师的原因——付给他们的钱要比付给政府的少得多。"精于计算你就不会被别人牵着走"是他给我上过的最好的一课。富爸爸了解法律，不仅因为他是一个守法的公民，还因为他知道不懂法律的代价有多么昂贵。"如果你知道你是对的，就不会害怕受到攻击"，哪怕你遇到了罗宾汉和他的"绿林好汉"们。

我的受过高等教育的爸爸总是鼓励我去一家大公司找个

> 在我的资产中，每一块钱都是一名雇员，它们努力工作并带回更多的雇员，而且还能为我购买新的保时捷。

好工作。他的价值观是:"顺着公司的梯子,一步步往上爬。"他不知道,如果只靠雇主的工资,我永远只能是一头乖乖待挤的奶牛。

当我对富爸爸讲了我爸爸的建议时,他笑了。"为什么不当梯子的主人?"这就是他的回答。

作为一个小孩子,我不明白富爸爸所说的拥有自己公司的含义,这似乎是一个吓人的、遥不可及的念头。虽然我为这句话激动不已,可我的年纪不允许我去幻想这种可能——大人们有一天会为我的公司工作。

事实上,如果不是富爸爸,我就可能接受我爸爸的建议了。正是富爸爸不时的提醒,才让我把拥有自己公司的念头一直放在心中,并让我走上了另一条道路。在我十五六岁时,我就知道我将不会继续走我爸爸建议的那条路了。虽然我不知道应该做些什么,但我决定不去走我的大多数同学都要走的路。这个决定改变了我的一生。

我20多岁时,才开始真正实施富爸爸的

20年后的今天
拥有阶梯

今天,随着技术不断地改变我们的工作和生意方式,越来越多的人会问这样一个问题:"我如何拥有阶梯?"我告诉他们,资本正在蓬勃发展,自由市场体制意味着可以提供低价优质产品的企业家更容易获得成功。

建议。我当时刚离开海军陆战队去施乐公司工作,我挣了许多钱,但每当我看着工资单时,都感到很失望。被扣掉的税款是如此之多,而且我越努力工作,扣得就越多。当我更为成功时,我的老板们谈到了升职和加薪,虽然我有点飘飘然,但我仿佛听到富爸爸在问我:"你在为谁工作?你使谁富了?"

1974年,当时我仍是施乐公司的雇员,我建立了我的第一家公司并开始"关注自己的事业"。我已经有了一些资产,我决心使它增加,这些年来挣着被扣掉税的工资使我完全明白了富爸爸的建议。如果我继续听从我爸爸的建议,我已经可以看到我的将来是什么样子了。

许多雇主认为建议雇员关注他们自己的事业对他们本职工作不利。但对我而言,关注我自己的事业、努力增加资产,却使我成为一名更好的雇员,因为我现在有了目标。我得起早贪黑勤奋工作,好攒钱开始房地产投资。夏威夷正在开发建设,大有发财的机会。我越是意识到我们是在开始发展的阶段,我卖出的施乐复印机就越多。卖出的复印机越多,挣的钱也就越多,当然,我挣得越多,扣得也就越多。这是一件振奋人心的事,我一定要通过努力工作跳出当雇员的陷阱。到1978年的时候,我的销售业绩总是列在公司前5名,但我仍想跳出这场"老鼠赛跑"。

在不到3年的时间里,我在自己的小房地产公司挣到的钱比在施乐公司挣到的还多。而且我在自己的公司,也是我自己的资产项中挣到的钱，是完全为我所用的，这不像我上门推销施乐复印机时所挣的钱，富爸爸的话越来越管用了。不久我用自己公司的收入买了我的第一辆保时捷汽车，施乐的同事认为我是用工资买的，可事实上，我是把工资投资于资产项，再用资产项为我生产出来的钱购买我想要的东西。

我的钱为我挣回更多的钱。在我的资产中，每一块钱都是一名雇员，它们努力工作并带回更多的雇员，而且还能用税前收入为我购买新的保时捷。我仍在继续努力为施乐工作，但同时，我的计划也在逐步实现，保时捷就是证明。通过运用富爸爸教我的那些课程，我能够年纪轻轻并且还是一名雇员时就跳出"老鼠赛跑"的陷阱，而成功的原因就归功于我从那些课程中学到的财务知识。

如果没有这些被我称为财商（理财智商，Financial I.Q.）的知识，我的财务自由之路将会困难得多。我在研讨班上把这些知识教给其他人，是希望别人能和我一起分享这些知识。

我提醒人们，财商是由4个方面的专门知识构成的：

1. **会计**

会计就是财务知识或解读数字的能力。如果你想建立一个自己的商业帝国，财务知识是非常重要的。你管理的钱越多，就越要精确，否则这幢大厦就会倒塌。这需要左脑来处理，是细节的部分。财务知识能帮助你读懂财务报表，还能让你辨别一项生意的优势和劣势。

2. **投资**

投资是钱生钱的科学。投资涉及策略和方案，这要右脑来做，是属于创造的部分。

3. **了解市场**

了解市场是供给与需求的科学。这要求了解受感情驱动的市场的"技术面"。市场的另一个因素是"基本面"，或者说是一项投资的经济意义。一项投资究竟有无意义最终取决于当前的市场状况。

4. **法律**

利用一个具有会计、投资和市场运营的企业会使你的财富实现爆炸性地增长。了解减税优惠政策和公司法的人会比雇员和小业主更快致富。这就像一个人在走，而另一个人却在飞，久而久之这种差距就更大了。

- **减税优惠**。公司可以做许多个人无法做的事，例如：用税前收入支付开支。这是一个如此令人激动的专业领域。雇员挣钱、纳税，并靠剩下的钱为生；企业挣钱、花钱，并只为剩下来的钱缴税。这是富人钻的最大的法律空子。如果你有能带来现金流入的投资，你就可以轻松、廉价地使用这些漏洞。例如，假如你拥有自己的公司，在夏威夷召开的董事会就是你的假期，买车以及随之而来的车险和修理费、健身俱乐部的会员费都是企业支出，大部分的餐饮费也算是企业的支出，如此等等，但要注意在税前合法支付它们。

- **在诉讼中获得保护**。我们生活在一个爱打官司的社会中。有太多人想占你的便宜。富人用公司和信托来隐藏部分财富以免被债主发现，当一些人起诉富人时，他们经常遇到法律对富人的保护，发现这些富人其实没有财产。他们控制着一切，却一无所有。穷人和中产阶级尽力去拥有一切，但最后却不得不把劳动所得都给了政府和那些乐于起诉有钱人的小市民，这些小市民们是从罗宾汉的故事中学到劫富济贫的。

本书的目的并不是具体教你如何建立一个公司。但我仍要说，只要你拥有一种合法资产，我就可以找出以企业的形式提供的好处和保护。有很多书讨论过这个问题，详细到告诉你建立一个企业的必要步骤和能享受到的优惠。加勒特·萨顿的《如何创办自己的公司》一书就对私营公司所具有的能力提供了很好的看法。

财商实际上是技巧和才能的结合，以上所列的4项技能构成了基础的理财能力。如果你想致富，上述的组合将大大增加你的理财能力。

小结

拥有公司的富人	为公司工作的人
1．挣钱	1．挣钱
2．支出	2．缴税
3．缴税	3．支出

作为你的综合理财策略的一部分，我建议你了解法人能为你的资产提供什么保护。

讨论学习环节
第四章

第四课 税收的历史和公司的力量

Rich Dad, Poor Dad

第四章

第四课 税收的历史和公司的力量

本章小结

很多人把罗宾汉看作是一个英雄,因为他劫富济贫。富爸爸却不这么认为,他说罗宾汉是一个窃贼。

虽然普遍的观点都认为富人应该缴更多的税让穷人受益,但实际上是中产阶级在承担着沉重的税负,尤其是那些受过良好教育、高收入的中产阶级。

为了讲清这个道理,罗伯特简单地回顾了税收的历史。在英国和美国,最初是没有税收的,只有因为战争而临时征收的税。

1874年,英国规定纳税是国民的义务。在美国——曾因过重的茶税促使波士顿港的茶党成立并最终成为独立战争的导火索——1913年通过了《宪法修正案》(第16条),也规定了要征收所得税。

这些国家的税收政策之所以能被大众普遍接受是因为它们最初只是针对富人。然而,虽然所得税的初衷是惩罚富人,现实却是惩罚了那些对它投赞同票的穷人和中产阶级。

富爸爸解释道他和穷爸爸的看法是相反的。穷爸爸作为一个政府官员,花钱雇用别人来扩大他的机构是会被鼓励的。但是对于富爸爸,雇用的人越少,花的钱越少,投资者才会越尊敬他。

随着政府规模的扩大,就需要征收更多的税以维持运营。

穷爸爸真诚地相信政府应该帮助人民。他和罗伯特的妈妈都在和平队工作,培训去马来西亚、泰国和菲律宾服务的志愿者。他们总是努力寻求拨款和增加预算,以便能雇用更多的人。

对于罗伯特来说,为镇上最大的资本家工作而回到家还要面对作为杰出政府官员的爸爸是一个挑战。他不知道该相信谁的话。

不过随着时间的推移,当罗伯特学习了税收的历史时,他发现了一个有趣的现象:政府对钱的胃口越来越大,以致中产阶级也要被征税,且税收的范围不断向穷人扩展。

但是富人看到了一个机会,因为他们不按同一套牌理出牌。公司——在那个时代因为海上贸易兴盛而变得日益普遍——提供了一种避税方法。对有关企业法律知识的了解给予富人极大的优势,致使他们胜过那些受过良好教育的人。

政府希望可以避免出现剩余的钱。如果你没有用完预算的资金,下次你所得到的钱就可能减少。商人则恰恰相反,他们会因为有剩余的钱和较高的办事效率而获得奖赏和赞许。所以政府支出越来越大,更多的税收——这次延伸到中产阶级,最后延伸到穷人——是必不可少的。

公司就是一个装着法律文件的文件夹创造的法律实体。它不一定是一个真正的实体，不是一个工厂，也不是一群人。但是企业的所得税率要低于个人收入所得税率，而且公司的某些支出可以用税前收入支付。

如果那些每天起来勤奋工作去付税的人了解富人玩的游戏，他们也会来玩。

问题就是，你越是努力工作，你给政府缴的税就越多。税收最终惩罚的正是当初对它投赞成票的人。

惩罚富人的努力几乎不起作用，因为富人们找到了将税收降到最低的方法。其中一种方法就是《国内收入法》第1031款，它允许销售者对为购买更贵的房地产而卖出现有房地产时获得的资本利得延迟纳税。只要你不断进行价值交换，你就无须纳税，直到你将房地产售出变现。那些不利用这些合法手段避税的人会失去很多增加资产项的机会。

在富爸爸指导罗伯特的这些年间，富爸爸一直提醒他知识就是力量，而且钱越多，就越需要知识管理它，使它继续增加。没有这种知识，世界就会牵着你走。

税负就像敌人，总想从你那里拿走更多。让钱为你工作就能阻止它拿走更多。

雇用聪明的会计师和律师是很有必要的，因为付给他们的钱要比付给政府的少得多。不了解法律是要付出代价的。

在20多岁的时候，罗伯特刚从海军陆战队离开到施乐公司工作，他为工资单上被扣掉的税款如此之多而感到失望。这也激发了他在1974年成立自己的第一家公司，同时白天他仍在工作岗位上努力工作来挣尽量多的钱投资房地产。

他成为施乐公司销售业绩最好的人之一，而且在不到3年的时间里，在他自己的小房地产公司挣到的钱比在施乐公司挣到的还多。他的公司给他买了第一辆保时捷，证明了他的计划是可行的。

富爸爸教他的课程使他在早年间挣脱了"老鼠赛跑"的陷阱，所以他想以此来帮助其他人。

让罗伯特这一切变为可能的是财商，或者叫财务知识。它由4部分组成：会计（财务知识，也就是解读数字的能力以及评估一项生意的优势和劣势）、投资（钱生钱的科学和策略）、了解市场（供给与需求的科学以及市场条件）、法律（减税优惠和在诉讼中获得保护）。

了解这些减税优惠对长远的财富有非常重要的意义。比如，公司可以用税前收入支付开支，而雇员要先缴税，还要用剩下的钱支付支出。对一个公司来说，夏威夷的董事会、车辆支出以及保险费和健身俱乐部会员费都可以税前支付。

公司也可以在诉讼中提供保护。当有人起诉富人时，他们经常遇到法律对富人的保护，发现这些富人其实没有财产。他们控制着一切，却一无所有。

罗伯特督促那些拥有合法资产的人去发现更多公司可以提供的好处与保护。在众多关于公司的书中，加勒特·萨顿的《如何创办自己的公司》一书可以提供很好的帮助。

小结

拥有公司的富人	为公司工作的人
1．挣钱	1．挣钱
2．支出	2．缴税
3．缴税	3．支出

左脑时刻：会计就是财务知识或者解读数字的能力。如果你想建立一个商业帝国，这项能力至关重要。你管理的钱越多，就越要精确，否则你的大厦就会倒塌。

右脑时刻：投资就是"钱生钱"的科学。这包含策略和方案，这要使用属于创造的右脑来做。

潜意识时刻：了解市场是供给与需求的科学。在市场基本面或者说一项投资的经济意义基础上，你需要了解受感情驱动的市场的"技术面"。

罗伯特说了什么

现在是开始反思的时间。问问自己："罗伯特在这段引述里说了什么？""他为什么会那样说？"在这个环节，无论你对罗伯特的那些说法是否赞成，只需理解他所说的内容即可。

切记，这个模块的设计是为了凸显讨论与合作的重要性。毕竟两个人的智慧大过一个人的智慧。如果你不理解罗伯特所说的内容，请不要害羞和回避。你可以向他人请教。花点时间讨论一下他的每段引述，直到你真的理解了。

富爸爸做得更聪明，他利用公司——富人的最大秘密——来达到他的目的。

事实上富人并未被征税，是中产阶级尤其是受过良好教育的高收入的中产阶级在为穷人支付税金。

每当人们想惩罚富人时，富人不会坐以待毙，而是进行反击。他们有钱、有能力、有决心去改变处境。他们决不会坐视不管，自动地缴纳高额的税款。

如果你为钱工作，你就把力量给了你的老板。如果让钱为你工作，你就能控制这种力量。

了解减税优惠政策和公司法的人会比雇员和小业主更快致富。这就像一个人在走，而另一个人却在飞。

雇员挣钱、纳税，并靠剩下的钱为生；企业挣钱、花钱，并只为剩下来的钱缴税。这是富人钻的最大的法律空子。

附加问题

现在是时候将这一章的故事和你对罗伯特的话的理解运用到自己的生活中去了。问问自己下面这些问题,并和自己的学习伙伴讨论。一定要对自己和你的学习伙伴诚实。如果你不喜欢自己给出的答案,问问自己是否愿意改变或者接受改变自己想法和心态的挑战:

1. 你同意富爸爸说罗宾汉是一个窃贼吗?为什么?
2. 税收是否给政府花费带来了更大的问题?
3. 你觉得那些中产阶级和穷人是否意识到了税收的担子落到了他们肩上?你觉得这有哪些影响?
4. 富人是否利用了公司的优势来避税?你觉得如果更多的人更好地了解了这套规则的话会不会跟着学?
5. 有没有什么具体的方法可以让你利用公司使你的资产获利?

术语解析

1031:《国内收入法》第1031款的行话,它允许销售者对为购买更贵的房地产而卖出现有房地产时获得的资本利得延迟纳税。

公司:仅仅是一个法律文件创造的没有灵魂的法律实体。

它不是一个大的建筑或者一个工厂或者一群人。利用它，富人们的财富能得到保护。

财商：来自于财务教育的财务智力。具有高财商的人可以学会利用别人的钱来变得富有。

财务知识：阅读和理解财务报表的能力，它可以让你辨别任何一项生意的优势和劣势。

读书笔记

读书笔记

第五章

第五课　富人的投资

> 在现实生活中，人们往往是依靠勇气而不是智慧去取得领先的位置的。

昨天晚上，在写作的间隙，我看了一个电视节目，讲的是亚历山大·格雷厄姆·贝尔年轻时的故事。那时候，贝尔刚刚为他发明的电话机申请了专利，却苦于无法满足市场对于这项新发明的强劲需求。贝尔需要大公司的支持，于是他找到了当时的巨无霸——西部联合公司，问他们是否愿意购买他的专利和他的小公司，他要的一口价是10万美元。西部联合公司的老总嘲笑贝尔并拒绝了他的要求，认为这个价格简直荒谬无比。后来发生的事情我们都知道了：一个拥有数十亿美元资产的企业——美国电报电话公司最终诞生了。

这个节目之后是晚间新闻，其中一条新闻谈到了本地一家公司又一次裁员，公司员工愤怒地谴责老板这种不公平的做法。在公司门口，一位大约45岁的经理带着妻子和两个孩子，请求门卫让他进去同老板对话，请老板不要解雇他。他刚刚买了一套房子，他害怕失去它。全世界的人都看见了他在镜头前的乞求，这件事自然也引起了我的思考。

我从1984年开始从教，这是一种非常有益的经历，甚至可以说是一种奖励。但这也是一个令人不安的职业，我曾经教过数千人，从中发现了所有人——包括我自己在内有一个共同点：我们都拥有巨大的潜能——这是上天赏赐的礼物。然而，我们都或多或少地存在着某种自我怀疑的心理，从而阻碍前进的步伐。这种障碍很少是缺乏某种技术性的东西，更多的是缺乏自信。有些人更容易受到外界的影响。

一旦我们离开学校，大部分人就会意识到只有大学文凭或好成绩是远远不够的。在校园之外的现实生活里，有许多东西比好成绩更为重要，人们称之为"魄力""勇气""毅力""胆量""气势""精明""勇敢""坚强""才华横溢"，等等。无论它们的名称是什么，它们都比学校的成绩更能从根本上决定人们的未来。

在我们的性格当中，既有勇敢、聪明、无拘无束的一面，也有相反的另一面：如果需要，人们会跪地乞求。作为一名海军陆战队的飞行员，我在越南战场上待了一年，发现我身上这两种倾向都有，并没有哪种倾向更突出。

但是，作为一名教师，我意识到过分的害怕和自我怀疑是毁掉我们才能的最大因素。看到学生们明明知道该做什么，却缺乏勇气付诸实际,我就感到十分悲哀。在现实生活中,人们往往是依靠勇气而不是智慧去取得领先的位置的。

以我的个人经验来看,要成为财务上的天才既需要专业知识,又需要足够的勇气。如果畏难情绪太重,往往会抑制才能的发挥。在我的班上,我极力劝说学生们要学着去冒险,要勇敢,把畏难情绪转化成力量和智慧。一些人采纳了我的建议,但另一些人却感到害怕。我很明显地意识到,对大多数人来说,一旦涉及金钱的问题,他们宁愿安全行事。我不得不回答诸如此类的问题:为什么要去冒险?为什么必须永不停止地提高自己的财商?为什么必须懂得财务知识?对此我的回答是:"就是为了获得更多的选择机会。"

我们的世界将会有巨大的变化。正如我提到的发明家贝尔年轻时的故事,将来会出现更多的像他一样的人。每年全世界都会产生100个像比尔·盖茨那样的人,也会出现更多的像微软一样成功的公司,当然,每年也会有更多的公司破产、裁员和精简机构。

那么,一个人为什么必须提高自己的财商呢?除了你自己,没人能回答这个问题。不过,我可以告诉你为什么要这样做。原因很简单,这是我生命中最快乐的事情,我更喜欢变化而不是害怕变化,我更喜欢能挣到数百万美元而不是去担心能不能升职。当今我们所处的时代是历史上从未有过的最激动人心的时代,当后人回顾今天这段历史时,他们一定会感叹这是一个让人心情激荡的时代。旧的东西消亡了,新的东西产生了,到处都在发生翻天覆地的变化，这的确让人兴奋不已。

那么究竟为什么要努力提高自己的财商呢？如果你这样做了，你就会获得巨大的成功；如果不这样做，对你来说，这个时代就会让你恐慌。你会发现一些人勇敢地走在了时代的前面，而另一些人却只能紧紧地抓住破旧的救生圈。

20年后的今天
机会

创业成功的案例名单不断被拉长，像乔布斯、扎克伯格、贝佐斯和布林这样的名字得到了全世界的认可。类似Uber这样的初创企业也在充满机遇的土地上和全球经济一体化的趋势中风行一时。

300年前，土地是一种财富，所以，谁拥有土地，谁就拥有财富。后来，美国依靠工厂和工业产品上升为世界头号强国，工业家占有了财富。今天，信息便是财富。问题是，信息以光一样的速度在全世界迅速传播，这种新的财富不再像土地和工厂那样具有明确的范围和界限。变化会越来越快，越来越显著，百万富翁的人数会极大地增加，同样，也会有许多人被远远地抛在后面。

今天，我发现许多人在辛苦工作、苦苦挣扎，这主要是因为他们依然固执于陈旧的观念。他们希望事情还像以前那样，他们抵制任何变化。那些失去了工作或房子的人总在抱怨技术进步，抱怨经济状况不佳以及他们的老板。很遗憾他们没有意识到，问题的症结其实在于他们自身。陈旧的思想是他们最大的债务。原因很简单：他们没有意识到已有的某种思想或方法在昨天还是一种资产，今天却已经变成了负债。

一天下午，我正在用我发明的《富爸爸现金流》游戏讲授有关投资的课程。我的朋友带了一位女士一起来听我的课。这位女士最近离婚了，在离婚的问题上她遭到了沉重的打击，正想寻找某种答案。我的朋友认为听听我的课也许会对她有帮助。

我设计这款游戏的目的，是帮助人们了解金钱是如何运动的。在玩游戏的过程中，人们可以了解收益表和资产负债表之间的互动关系，并弄懂现金流是如何在这两张表之间流动的，除此之外，你还会明白，通过增加资产项上的月现金流量，使你的月现金流量超过每月支出的

> 玩《富爸爸现金流》游戏，上 www.richdad.com，了解金钱运作的秘密。

金额，进而达到财富的增长，一旦你学会了这些知识，你就能从"老鼠赛跑"中挣脱出来，上升到"快车道"上。

我曾经说过，一些人讨厌这个游戏，也有许多人喜欢它，还有一些人并不理解它的真正意义。这位女士就失去了学习一些东西的大好机会。在第一轮中，她得到了一张"零星支出"卡，开始她很高兴："噢，我拥有了一艘游艇！"接着，我的朋友试着向她解释如何在收益表和资产负债表上做记录，她非常沮丧，因为她从不喜欢与数字打交道。桌上的其他玩家都在等着她，而我的朋友则不停地向她解释收益表、资产负债表和月现金流量之间的关

系。终于，当她弄明白这些数字的意义时，她意识到这艘小艇实际上消耗了她的资金。在后来的游戏中，她在"下岗"格停过，还添了一个孩子，不用说，这个游戏对她来说简直糟透了。

课后，我的朋友过来告诉我，说这位女士不太开心。她来听课是为了学习投资的知识，而不是要花这么长的时间来玩一个愚蠢的游戏。

我的朋友建议她反省一下自身，也许这个游戏在某些方面正好反映了她的情况。这个建议起了副作用，这位女士要回了自己的钱。她认为这样一种游戏会反映她的情况，简直是荒谬绝伦。我们立即给她退了钱，然后她就走了。

自从1984年以来，我仅仅是通过做学校教育没做的事情，就赚了数百万美元。在学校，大部分老师都喜欢不停地讲解，我在当学生的时候就不喜欢这种授课方式，因为我很快就会厌倦地走神。

1984年，我开始使用游戏和模板来教学，并一直沿用它们至今。我常常鼓励我的成人学生要从游戏中发现哪些情况是他们所知道的，哪些是他们还需要学习的。最重要的是，这个游戏能反映一个人的行为方式，它是一个实时的反馈系统。它不需要老师不停地讲解，它就像是一场个人间的对话，完全按照你的习惯定制。

后来我的朋友打电话告诉我那位女士的最新情况。她现在很好，已经平静下来。当冷静下来时，她发现那个游戏与她的生活之间的确存在着某种微妙的关系。虽然她和她丈夫并不曾拥有一艘游艇，可他们确实还有其他期望得到的东西。离婚之后她感到很愤怒，一方面因为她丈夫另结新欢离她而去，另一方面也是因为结婚20年来，他们几乎没有积存下任何资产，实际上他们居然没有什么可供分割的东西。他们20年的婚姻生活确实充满了乐趣，但是只积累了一大堆不值钱的东西。

> 游戏能反映一个人的行为方式，它是一个实时的反馈系统。

她意识到对于收益表和资产负债表中数字的愤怒来源于自己不懂得它们的含义。她一直认为理财是男人的事情，所以她只负责操持家务，而让丈夫掌管家庭财务。现在她才意识到，在婚姻生活的最后5年里，他一定瞒着她藏了不少钱。她很生气自己没有留意那些钱都用到了哪里，就像自己没有留意另外一个女人的出现一样。

就像这种游戏一样，现实生活也总会给我们实时的反馈。我们关注得越多，能够学到的也就越多。这就好像不久前的一天，我对我妻子抱怨说，洗衣店一定是把我的裤子洗缩水了。她却微笑着拍着我的肚子说："不是裤子缩小了，是别的东西变大了。"

我设计《富爸爸现金流》游戏的目的是想给每位玩家以个性化的反馈，让他们拥有不同的选择机会。如果你抽到买游艇的卡片并因此而负债，问题就产生了："现在你可以做什么？你可以采取多少种不同的理财选择？"这就是这个游戏的目的——教会玩家去思考和创造新的、不同的选择。我曾经看过1000多人玩这套游戏，在游戏中，能从"老鼠赛跑"中最快胜出的人，都是对数字很精通而且具有创造性理财思维的人，他们懂得不同的理财选择有不同的意义。富人往往更富有创造性，愿意经过精心筹划后再去冒险。而那些在"老鼠赛跑"中花时间最长的人往往是不熟悉数字，且不懂得投资的力量的人。

也有许多人在《富爸爸现金流》游戏中挣到许多"钱"，却不懂得如何去利用。即使他们有钱，但似乎其他人都走在他们前面。在真实的世界中确实是这样，有许多人很有钱，但在财务上却往往落后于别人。

限制自己的选择机会等同于固守陈旧的观念。我有一个高中时代的朋友，现在做着3份工作。多年前，他曾是我的同学中最富有的一个，然而后来当地的甘蔗园倒闭了，他所在的公司也随之关张。在他看来，他只有唯一的、陈旧的选择——努力工作。问题在于他再也找不到一份能像原来那家公司那样认可他的价值的新工作。结果，他只能大材小用地做着现有的工作，薪水也比以前低了。现在，他必须同时做3份工作，以挣钱来维持原有的生活水平。

我常听到《富爸爸现金流》游戏的一些玩家抱怨说"机会"卡总是不来光顾他们，于是，他们就坐在那里边发牢骚边等待。我知道他们在现实生活中也会这么做——坐等好机会的到来。

我也见过有人得到了"机会"卡却没有足够的钱抓住这个机会。于是，他们慨叹要是有足够的钱就一定能在"老鼠赛跑"中取胜，所以他们也在那里坐等。我知道在现实生活中他们也会做同样的事情——眼看着有许多大生意可做，手头上却没有钱。

我还见过有人抽到一张"机会"卡，大声读出来后却憒然不知那是一个好机会。他们手上有钱，时机正好，又拥有"机会"卡，但他们看不到机会之光已经照在自己头上。他们不懂得应该如何调整自己的财务计划，从而脱离"老鼠赛跑"的陷阱。我还发现，大部分人只存在上述某一种问题，只有很少的人才同时存在上面几个问题。其实，大部分人一生当中至少会遇到一次大好的机会，只是他们自己没有看见而已。一年之后，当他们猛然意识到那个机会的价值时，别人早就因此致富了。

拥有理财能力就意味着拥有更多的选择机会。如果机会并没按你的预想降临，那么你还能做点什么来改善自己的财务状况呢？如果机会降临了，你却没有钱，银行也不帮你，那你又该做些什么来利用这一机会使自己受益呢？如果你的预感是错误的，你所预计的事情并没有发生，你又如何将一笔小钱变成数百万美元？这就是理财能力。当你想要的没有出现时，你能想出多少种理财方法来把一笔小钱变成数百万美元。这就要看你在解决财务问题上有怎样的创造性了。

可大部分人却只知道一种方法：努力工作、储蓄和借贷。那么，为什么你想提高自己的理财能力呢？因为你想成为能够自己创造机遇的人。你能够坦然地接受发生的任何事情，并努力使事情变得更好。很少有人知道机遇和金钱是可以创造的。如果你想更幸运一些，挣到更多的钱，而不只是辛苦工作，那么你的理财能力就非常关键。如果你是那种只会等待"好事情"发生的人，那么，你就可能要等很长一段时间了。这就好比在动身旅行之前非要等到前面8公里长的路上所有的红绿灯都变成绿色一样。

小时候，富爸爸经常教导我和迈克：金钱不是真实的资产。

他经常提醒我们，我们那次用牙膏皮"造钱"，已经相当接近金钱的秘密了。"穷人和中产阶级为金钱而工作，"他说，"富人则创造金钱。你把金钱看得越重，你就会为金钱工作得越辛苦。如果你能知道'金钱不是真实的资产'这一道理，你就会更快地富起来。"

"那金钱是什么？"我和迈克经常会这么反问，"如果金钱不是真实的资产，那它又是什么？"

"它是我们大家都认可的东西。"富爸爸会说。

我们唯一的，也是最重要的资产是我们的头脑。如果受到良好的训练，它转瞬间就能创造大量的财富。而未经训练的头脑通过教给自己的家庭不正确的理财方式，将会使子孙后代继续这种极度贫困的生活。

> 我们唯一的，也是最重要的资产是我们的头脑。如果受到良好的训练，它就能创造大量的财富。

在信息时代，金钱会以指数方式增长，有些人仅凭一些点子和所谓的合约就能一夜暴富。但如果你问那些炒股或做其他投资的人，这究竟是怎么回事，他们会说这是要靠一生从事的事业。经常有人从一无所有凭空变成了百万富翁，我说的"凭空"是指没有进行实际的金钱交易。它们通常是通过合约来达成的，例如：交易所里的一个手势，或是从里斯本传播到多伦多的交易商面前的闪烁的光标，或是向经纪人下达买入以及片刻之后卖出的一个指令。不需要通过金钱的现实交易，用合约就可以完成这一切。

那么，为什么要开发我们的理财天赋呢？仍然只有你才能回答。但我同样可以告诉你为什么我要去发展这方面的能力：因为我想快速挣钱。不是我必须这么做，而是我想要这么做，这是一个令人着迷的学习过程。我发展自己的财商是因为我想参加这场世界上最快、最大的金钱游戏。以我自己的观点来看，我愿意加入这场史无前例的人性革命的洪流，并投身到这个靠脑力而不是体力来工作的时代。除此之外，这也是一场行动，正在发生，紧追猛赶，惊险且充满乐趣。

这就是我要提高财商，开发我所拥有的最强有力的资产的原因。我想和勇者为伴，不希望与后进的人为伍。

我要告诉你一个关于创造金钱的简单的例子。20世纪90年代初，凤凰城的经济一团糟。我在家看电视节目时，有位财务规划师出现在节目上并开始预测经济状况，他建议大家储蓄。他说，每月拿出100美元存起来，40年后你就会成为千万富翁。

20年后的今天
为什么储蓄是失败者所为？

20世纪70年代，我们可以依靠储蓄来保障退休后的生活。那时存款账户能获得两位数的利息，确实可以增加我们的财富。但这个时代已经过去很久了。

看看NIR[①]——负利率或利率低于零。今天，许多银行正在为保管储户的钱财而索价，储蓄者是真正的失败者。

[①] Net Interest Revenue 的缩写，指净利息收入。

不错，每月拿出一笔钱存起来听上去确实是一个好主意。这是一种选择，一种大多数人都愿意采取的选择。问题就是：它会蒙蔽人们的双眼，使人们看不到事情的真相，从而错过很多使资金大量增加的机会。于是，机会就此与他们失之交臂了。

我刚才说过，那时候经济很不景气，而对于投资者来说，这却是一个绝好的市场良机。我把一大笔钱投资于股票和房地产市场，所以手头缺少现金。每个人都在卖出，而我在买入。我不是在省钱，而是在投资。我妻子和我把100多万美元的现金投在了必将迅速上升的市场里，我们相信这是最好的投资机会。市场不景气，我一定不能错过任何一次细小的投资机会。

原来价值10万美元的房子现在只值7.5万美元。但我没有去本地的房地产公司买进这些房地产，而是去破产事务律师办公室，或是去法院洽谈业务。在这些进行房屋买卖的地方，一幢7.5万美元的房子有时可以按2万美元或更低的价格买下。首先，我以现金支票的形式支付给律师2000美元定金，这是我向朋友借的，借期90天、利息200美元。当购买程序一启动，我就在报纸上刊登售房广告，以6万美元、首付为零的条件，出售这幢价值为7.5万美元的房子。我的电话铃很快就响个不停，我对有希望成交的买主一一进行了调查和筛选。然后，当房屋在法律上归我所有后，我就邀请所有有望成交的买主去实地看房。交易非常火爆，房子在几分钟之内就售出了。我要求买主支付2500美元的手续费，他很高兴地支付了。之后就由契约和产权调查公司接手了。我把2000美元和200美元的利息还给了我的朋友，他很高兴、房屋的买主很高兴、律师很高兴，而我，当然更高兴。我用2万美元的成本买了一幢房子，又以6万美元的价格卖出去，净赚的4万美元以买主开出的承兑汇票①的形式流入我的资产项。所有的工作时间累计起来只有5个小时。

如果现在你粗通财务并能阅读数字，我可以以上述交易为例，向你展示金钱是如何创造的。

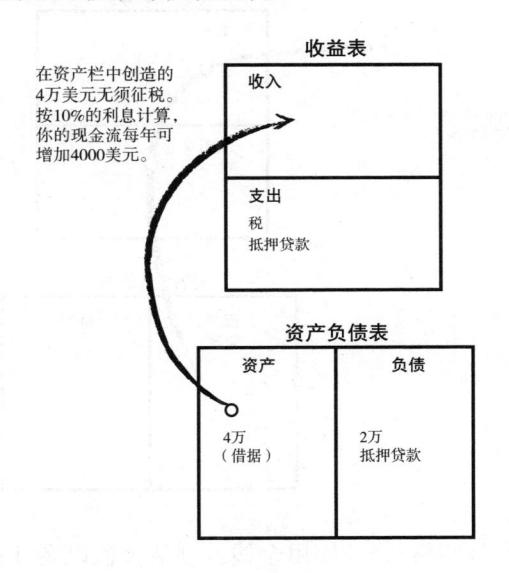

在资产栏中创造的4万美元无须征税。按10%的利息计算，你的现金流每年可增加4000美元。

收益表

收入

支出
税
抵押贷款

资产负债表

资产	负债
4万（借据）	2万抵押贷款

在这个萧条的市场中，我和我妻子利用闲暇时间做成了6笔这样的简单交易。当我们把大量资金投入到增值性的财产和股票市场中无法动用时，我们通过这6次买入、撮合和卖出，最终赚取了19万美元。由于这张承兑汇票的利率为10%，这样我们每年有了

---

① 所谓承兑，简单地说，就是承诺兑付，是付款人在汇票上签章表示承诺将来在汇票到期时承担付款义务的一种行为。承兑行为只发生在远期汇票的有关活动中。

大约1.9万美元的收入，其中的大部分被我自己的公司"隐瞒"下来，我们用这笔钱支付我们公司的车辆费、汽油费、差旅费、保险费、招待费及其他费用。当政府对这笔收入征税时，这些支出可以作为合法的税前费用被扣除。

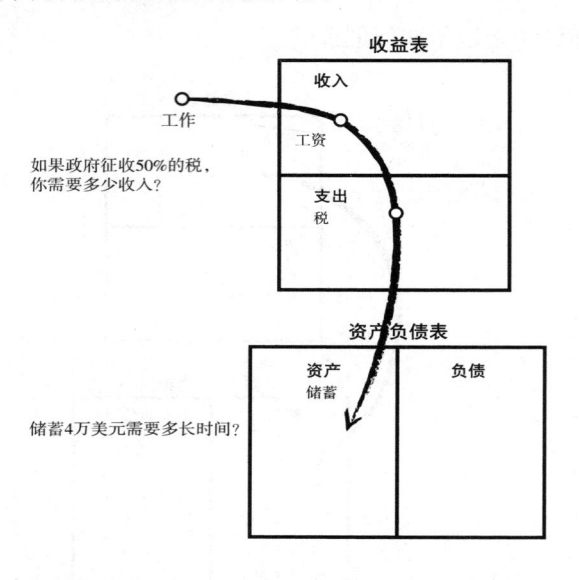

```
                             收益表
                    ┌──────────────────────┐
                    │         收入         │
           工作     │                      │
                    │         工资         │
  如果政府征收50%的税，│                     │
  你需要多少收入？   │         支出         │
                    │         税           │
                    └──────────────────────┘

                           资产负债表
                    ┌──────────┬──────────┐
                    │   资产   │   负债   │
                    │   储蓄   │          │
  储蓄4万美元需要多长时间？   │          │
                    │          │          │
                    └──────────┴──────────┘
```

这是运用理财智慧，使用金钱、创造金钱以及守住金钱的一个简单例子。

问问你自己：你得花多长时间才能攒到19万美元？银行会支付给你10%的利息吗？这张承兑汇票的期限是30年。我希望他们永远也不要付给我19万美元，如果他们最终付给我这笔存款的本金，我还要因此交税。此外，在30年里每年都有1.9万美元的利息，从收入上来讲要多于50万美元。

有人问过我，如果买主付不起钱了，该怎么办呢？确实有

182

这种事情，但它是个好消息。那幢价格为6万美元的房子，被收回后可以以7万美元的价格重新卖出，此外，还可按贷款手续费的名义再收取2500美元。对于新买主仍然可以提供零首付的优惠，这一过程还可以继续下去。

当我第一次卖出房屋时，我还给我朋友2000美元的借款。从技术上讲，我在这次交易中没有投入任何资金，可我的投资回报是无限的。这就是无钱变有钱的一个很好的例子。

在第二笔交易中，当房子重新卖出时，我可以将2000美元装入自己的腰包，并将贷款延期至30年。如果我用赚到的钱再去赚钱，那么投资回报率又将是多少？我不知道，但我确信一定能超过每月存款100美元的利率。实际上你每月要存150美元才能获得你认为的每月存100美元而得到的预期收益，因为这40年来，你存入的钱已被课以5%的所得税，而且到期时你还要再支付5%的税款。这样做太不明智了，也许很安全，却不够精明。

20年后的今天
经济危机

在过去的30年里有三次比较重要的经济危机。第一次是1989—1990年间房地产市场的暴跌。第二次是2001—2002年间的互联网泡沫破灭，第三次是2008—2009年间的房地产泡沫破灭。每一次危机都是创造金钱的好机会。

几年后，凤凰城的房地产市场空前火爆。我们当年以6万美元的价格卖出的房子如今已经涨到11万美元。这时，虽然依然可以找到一些由于破产而被出售的房子，但要花费可观的资金和时间去寻找这样的机会。这种机会变得很稀缺了。如今，成千上万的买主在寻找这样的机会，但只有少数的交易挣了钱。市场已经发生了变化，现在是转而寻找其他办法来增加资产项的时候了。

"在这里你不能那样做。""这是违法的。""你在撒谎。"我听到这样的评论远比诸如"你能不能告诉我怎么去做"的评论多得多。你所需要的数学知识其实很简单，并不需要用到代数或微积分，因为公证公司会负责处理合法交易并提供相关服务。我也不必去加固屋顶或是修理卫生间，房屋的所有者自会去做这些工作，因为这是他们的房子。偶尔也有人付不起钱，不过这也是件好事，因为在这种情况下，他们必须为延期付款付费，否则他们就得搬出去，而你又可以把房子重新卖掉。法院系统会处理这些事务。

当然，你所在的地区这些做法可能行不通，市场状况也会有所不同。然而，我只是想通过这个例子说明，仅用很少的资金，冒很小的风险，再通过一个简单的财务运作过程就可以创造出几百几千万美元的财富。这一例子也说明了获取金钱只需用一纸合约而已，任何具有高中文化的人都能做到这一点。

然而，大部分人却没有这么做，这是因为他们都信奉"辛苦工作，努力存钱"的教条。

只花大约 30 个小时工作，资产项就增加了 19 万美元，而且不用支付任何税款。

哪个问题对你来说更难一些呢？

1. 辛苦工作，薪水的 50% 用于缴税，省下的钱拿去储蓄。你的存款利率为 5%，而且利息还要再缴税。

2. 花些时间来提高你的财商，增强你的动脑能力，从而增加你的资产。

还要考虑你所花费的时间，因为时间正是你最重要的资产。如果用第一种方法储蓄 19 万美元，要多久呢？

现在你会明白，为什么每当我听见父母们说"我的孩子在学校受到良好的教育，学习很棒"时，我总是会默默摇头，这种教育也许的确很好，但是这就足够了吗？

我前面所说的只是小型的投资策略，只能用来说明如何把小钱变成大钱。另外，我的成

20 年后的今天
那是上个时代的事了

在储蓄账户上赚 5%？那是上个时代的事了！

20 多年来已经发生了很大的变化，如今，过去的很多忠告早已被时代淘汰。就像牛奶过了保质期一样，"储蓄"的建议早就寿终正寝。

功经历也反映了拥有财务知识是多么重要，而打好财务知识坚实的基础又是从接受扎实的财商教育开始的。

我之前已经说过，但它值得我一再强调，财商是由这4项主要技能组成的：

1．会计

会计即财务知识或阅读理解数字的能力。它是你进行商业投资的至关重要的技能。

2．投资

投资即以钱生钱的科学。

3．了解市场

了解市场是供给与需求的科学。亚历山大·格雷厄姆·贝尔提供了市场所需要的东西，比尔·盖茨也是如此。用2万美元买了一套值7.5万美元的房子，以6万美元的价格卖出，也就是抓住了市场所创造的机会。在市场上，总是有买方，就有卖方。

4．法律

要熟悉有关会计、公司方面的法律以及各州和国家的法规。我们必须按规则来进行"游戏"。

不管是通过购买小型房屋、大型公寓、公司、股票、债券、贵金属、棒球卡，或是其他类似的东西来成功地获取财富，都必须具备上述基础，或者说必须同时掌握上述技能。

几年后,房地产市场开始复苏,人们纷纷涌进来;股票市场也开始繁荣起来,人们也纷纷涌进来。整个美国经济渐渐恢复。我开始售出房产,并将投资目标转移到了秘鲁、挪威、马来西亚和菲律宾。投资对象也发生了变化,在市场大举买楼时,我们已经准备退出了。现在我密切关注资产项中房产价格的攀升,并有可能出售一些房产。我预备出售那6套小型房屋,然后把4万美元的承兑汇票兑现。我要告诉我的会计做好准备保管现金并寻求可以避税的途径。

下面我要讨论资金的投入和收回、市场的景气和萧条、经济的增长和衰退等问题。在你的一生中,几乎每一天你都会遇到许许多多的机会,可是你常常视而不见。但是机会确实存在,世界变化越大,技术进步越快,让你和你的家人以至你的后代财务安全的机会也就越多。

所以,为什么不耐心地提高你的财商呢?这个问题仍旧只有你才能给出答案。我不断地学习和提高是因为我知道变化就要来临,我更欢迎变化而不是沉溺于过去。我知道市场有繁荣也有萧条。我之所以想不断地提高自己的财商,是因为每当市场发生变化时,一些人会去乞求保住一份工作,而另一些人会接到生活抛给他们的酸柠檬——我们每个人偶尔都会有这样的坏运气——然后将其变成数以百万计的美元。这就是财商。

常常有人问我是怎么让那些酸柠檬变成数百万美元的。从个人的角度来讲,对于是否用更多我个人的投资经历举例,我有些犹豫，因为我担心这样做显得有些自吹自擂。自夸并非我的本意，我举这些例子只是为了从数字上和时间上说明一些简单的事实，而且，也希望大家知道取得成功真的很容易。你越熟悉财商的四大特征，你越会觉得容易。

就我而言，我主要使用两种工具来实现资产的增值：房地产和小型公司的股票。房地产是我的基础投资，通过日复一日的积累，我的资产不断地提供现金流，偶尔也会有价值上的飙升。再有就是等待小型公司的股票快速增值。

我并不建议别人做我做的事情，例子仅仅是个例子。如果投资机会太复杂而我又弄不明白，我就不会去投资。简单的数学计算和一般常识是有效理财所需要的一切。

下面是我用例证的5个原因：

1. 激励人们学习更多的知识。
2. 告诉人们如果打好基础，将来的道路就会平坦很多。
3. 告诉人们每个人都能获得巨大的财富。
4. 告诉人们条条大路通罗马。
5. 告诉人们财务知识并不深奥。

1989年，我常常慢跑穿过俄勒冈州波特兰市的一个可爱的社区，那里有一些宛如姜汁面包的房子。这些房子既小巧又别致，令我不禁想起小红帽蹦蹦跳跳地走在去外婆家的路上。

路边到处都挂着"房屋待售"的牌子，木材市场十分萧条，股票市场几近崩溃，经济状况很不景气。在一条街上我注意到有块待售的牌子比其他牌子挂的时间都要长，看起来已经很旧了。一天我慢跑经过那里，便进去见了房子的主人，他好像遇到了麻烦。

"这房子你想卖多少钱？"我问道。

房子主人转过身来苦笑着说："你报个价吧，房子待售已经一年多了，甚至没有人愿意进来看一看。"

"我先看看。"我说。半小时之后，我就以低于要价2万美元的价格买下了这幢房子。

这是一幢小巧玲珑的两居室，所有窗户上都装饰着姜汁面包式的须边，房子呈淡淡的蓝灰色，房子建于1930年，里面有一个漂亮的岩石壁炉，两间小卧室，用来出租是再好不过的了。

这幢房子的成交价为4.5万美元，而它实际上值6.5万美元，虽然当时没人想买。我付给房主5000美元的首付，一周后，房主高高兴兴地搬走了，他庆幸自己终于摆脱了那幢房子。然后我的第一位房客，一位当地大学的教授，住了进去。他每月交给我房租，我拿去还抵押贷款、支付各项支出和管理费之后，每月还会剩下不到40美元，这似乎并不怎么太让人激动。

一年后，萧条的俄勒冈州房地产市场开始复苏。来自加利福尼亚州的投资者，携带着大笔资金从他们那依然繁荣的房地产市场转向北方，开始大批购进俄勒冈州和华盛顿州的房地产。

我用 9.5 万美元的价格将那套小房子卖给了一对加利福尼亚州的年轻夫妇，他们认为自己捡到了大便宜。我希望把大约 4 万美元的资本利得利用 1031 条款推迟纳税，于是我开始寻找可以投资的项目。过了一个月左右，我在俄勒冈州找到了一套有 12 个房间的公寓，这套公寓正好位于比佛顿市的英特尔工厂旁边。公寓的主人长期住在德国，对于这套公寓的价值没有任何概念。我给这套价值 45 万美元的房屋报价 27.5 万美元，最后以 30 万美元成交。我买下了它并持有了两年，又利用 1031 条款以 49.5 万美元的价格把它卖了出去。接着，我们在亚利桑那州的凤凰城买下了一幢有 30 个房间的公寓楼。为了躲避俄勒冈州的雨季，我们搬到了亚利桑那州的凤凰城。就像以前的俄勒冈州一样，当时凤凰城的房地产市场一片低迷。这幢公寓楼价格为 87.5 万美元，首付为 22.5 万美元。出租后带来的月现金流量略高于 5000 美元。

> 可问题是"保险"的投资常常过于安全，太安全则会导致低收益。

几年后，亚利桑那州的房地产市场开始复苏，一位科罗拉多州的投资者出价 120 万美元购买这幢公寓楼。

这个例子的要点在于它表明了一小笔钱是如何变成一笔大钱的。正如我们前面提到的，这主要是靠对财务报表、投资策略以及市场和法律的了解。

如果一个人在这些方面不甚精通，那么很明显，他必然会遵循标准的教条,即安全地、分散地投资于比较保险的项目。可问题是"保险"的投资常常过于安全,太安全则会导致低收益。

大多数大型房屋经纪公司不涉足投机交易,以保护自身及客户的利益,这是一个明智的决策。真正炙手可热的交易不会留给新手。一般来说,能使富者更富的最好的交易总是为那些精通游戏规则的人准备的。一个被认为是不够"老练"的人进行这样的交易在技术上是不可能的,当然这种事情也有过。我越是"老练",越是会得到更多机会。

提高财商的另一个方面,就是让自己拥有更多的机会。你的财商越高,你就越容易分清一项交易是好还是坏。依靠你的智慧,你可以认出不利的交易,或者将一项不利的交易变成有利的交易。我学的东西越多——确实有许多东西值得学习——挣的钱也就越多,这仅仅是因为我的经验和智慧随着岁月增长了。我有许多朋友,他们安全地投资,在自己的岗位上辛勤地工作,却未能获得理财的智慧,而这种智慧是需要经过时间的历练才能获得的。

我全部的投资哲学就是把"种子"播在我的资产项下,这是我的准则。我从小额资金开始播种,有些种子长成了参天大树,有些则没有。我们的房地产公司拥有数百万美元的财产,这是我们自己的房地产投资信托。

这里我要指出的是,这几百万美元资产的大部分都是由5000

至1万美元这样的小额投资开始积累的。所有那些首期付款都幸运地赶上了一个快速上升的市场、不断增加的税收豁免以及在数年里不断地被买进卖出。

我们还拥有股票投资组合，委托给一家公司进行管理，我和我妻子将这家公司称为我们个人的共同基金。我的一些朋友专门与像我们这样每月都有余钱投资的投资者打交道。我们购买高风险、投机性强的私人公司的股权，而这些公司正准备到美国或加拿大的股票交易所去上市。有个例子可以说明股票投资的获利速度是多么快。在一家公司即将上市之前，我们以每股25美分的价格购买了10万股该公司的股权，6个月后，这家公司上市了，每股上涨到2美元。如果这家公司管理有方的话，还会继续上涨到每股20美元或者更高。有几年我们的2.5万美元在不到一年的时间里就变成了100万美元。

如果你清楚自己在做什么，就不是在赌博；如果你把钱投进一笔交易然后只是祈祷，才是在赌博。在任何一项投资中，成功的办法都是运用你的技术知识、智慧以及对于这个游戏的热爱来减少意外、降低风险。当然，风险总是存在的，但你的财商可以提高你应付意外的能力。常常有这样的情况，对一个人来说是高风险的事情，对另一个人来说则可能是低风险的。这就是我不断鼓励人们多关注财商教育而不只是投资股票、房地产或其他市场的原因。你越精明，就越能应付意外情况。

我个人的股票投资交易对大多数人来说是一件风险极高的事

情,因此我绝不提倡人们效仿我。我自1979年开始投资股票以来赚了不少钱,不过,假使你明白这样的投资对大部分人来说为什么是高风险的,你也许就能改变命运,在一年内将2.5万美元变成100万美元对你来说也许就是低风险的。

> 如果你清楚自己在做什么,就不是在赌博;如果你把钱投进一笔交易然后只是祈祷,才是在赌博。

正如前面说过的,我写出来的并不是建议,只是作为简单的、具有可行性的例子。从投资的整个过程来看,我所做的只是一小部分。对于一般人来说,每年获得超过10万美元的被动收入是一件很棒的事情,而且也并不困难。根据市场的情况并依靠你的智慧,你能在5~10年里实现这个目标。如果你能保持适中的生活支出,10万美元的额外收入是会很令人高兴的,不管你是否工作。如果你喜欢,或者只是为了打发时间,也可以去工作。你可以选择利用政府的税收制度来为自己服务而不是让它来损害你的利益。

我的资产基础是房地产。我喜欢房地产是因为它很稳定,变化比较慢。我把这一基础建立得很牢固。它给我提供了相当稳定的现金流量,如果管理得当的话,还会有使其增值的好机会。拥有房地产这样一个坚固的基础,对我来说,其好处就在于它使我在某种程度上敢于冒很大的风险去买入更具投机性的股票。

如果我在股市上挣了一大笔钱,我就会用资本利得的一部分支付资本利得税,然后将余额投资于房地产,以再一次加固我的资产基础。

关于房地产我还有最后一点需要说明:我周游世界讲授投资课程,在我到过的每一个城市,我都听到有人说他们买不到便宜的房地产,但这并不符合我的经验。即便是在纽约和东京或者这些城市的郊区,也会有一些质量不错、价格也便宜的房产被大多数人忽略。在新加坡,尽管眼下房地产价格很高,但仍能在离城市不远的地方发现一些低价交易的机会。因此,每当我听到某人对我说"在这儿你不能这么做"时,我就会提醒他们,也许正确的说法应该是"其实,我不知道在这儿该如何做这个"。

好机会是用你的脑子而不是用你的眼睛看到的。大部分人无法致富仅仅是因为他们没有受到理财训练,因而不知道机会其实就在眼前。

经常有人问我:"我该如何着手?"

在最后一章里,我将讲述我在通向财务自由之路上所遵循的 10 个步骤。但是记住要以轻松的心态去面对。当你学会

> 好机会是用你的脑子而不是用你的眼睛看到的。

了投资技巧并建立了自己的资产项时,你会发现这是一场多么好玩的游戏。有时你赢了,有时你还要继续学习,但是一定要从中

找到乐趣。大部分人从来赢不了是因为他们太害怕失去，这也是我发现的学校教育的一大误区。在学校里，我们得知错误是坏事，如果犯了错就会受到惩罚。然而，如果你看看人类学习的过程，就会明白我们其实就是在犯错误的过程中学到知识的。我们从跌倒中学会了走路，如果我们从不跌倒，也就永远学不会走路。学骑自行车也是同样的道理，尽管我的膝盖上仍有伤疤，但今天我骑车时已毫不费力了。致富也是同样的道理，但不幸的是，大部分人贫穷的主要原因就在于他们太担心失去。胜利者不害怕失败，但失败者害怕。失败是成功过程中的一个组成部分，如果避开失败，也就不会成功。

有时我把投资看作网球比赛。我卖力地去打，犯了错误，然后纠正，再犯更多的错误，然后再纠正，这样水平就提高了。如果我输了，我会走向球网，和对手握手，笑着对他说："下周六见。"

投资者分为两类：

1. **第一类也是最普遍的一类，即进行一揽子投资的人。**他们联系一家从事经营个人投资业务的中介机构，例如房地产公司、股票经纪人或财务规划师等，然后买下某些产品。这些产品可能是共同基金、房地产投资信托、股票或债券等。这是一个较好的、简单明了的投资方式，就好像一位顾客到商店去购买一台组装好的电脑。

2. **第二类是自己创造投资机会的投资者。**这种投资者通常会自行组织一项交易,好比一个人买来电脑零部件,然后自己组装,这有点像量身定做。虽然我连组装电脑的第一步工序都不知道,但我清楚应该如何将许多投资机会组织起来,也知道谁能够这样做。

第二种类型的投资者最有可能成为职业投资者,但有时可能要花许多年才能将众多"零部件"组织起来,有时它们根本就不可能组合在一起。我的富爸爸鼓励我去做第二类投资者。学会如何将众多"零部件"组合在一起是非常重要的,有时候你会因此获得巨大的成功,但有时候也可能因为形势的逆转而损失惨重。

如果你想成为第二类投资者,那么你还需要提高3种主要技能:

1. **寻找其他人都忽视的机会**。你要用心去发现别人看不到的那些机会。例如,我的一个朋友买了一幢破旧不堪的房子,它看起来就像座鬼屋,每个认识他的人都很奇怪他为什么要买下它,那是因为他看到了我们没有看到的东西。他通过产权公司了解到这间房子连着4间额外的空房,于是在买下房子后,他就把空房拆掉,然后把土地卖给了一位建筑商,得到的钱3倍于他买房子所花费的成本。在两个月里,他挣了7.5万美元。这笔钱虽然不算多,但却比最低工资高多了,而且在技术上也不难。

2. **增加资金**。一般人只会去找银行贷款,而第二类投资者则知道不找银行也能通过多种方法获得资金。在一开始,我讲了如何不找银行就能买下房子。房子本身并不重要，从中学到的获得资金的技巧却是无价之宝。

我也时常听到人们说"银行不会借钱给我"或者"我没有钱去买它"。如果你想成为第二类投资者，你就要知道如何去做到大部分人做不到的事情。换句话说，大多数人眼睁睁地让缺少资金阻止了他们去达成交易，如果你能越过这个障碍，你就能比那些没能掌握这些技能的人早一步成为百万富翁。有许多次，我在银行没有一分钱存款的情况下，买下了房子、股票和公寓楼。有一次我买了一幢价值120万美元的公寓楼，我是通过"成为联系的桥梁"来达成目的的，即通过在卖方和买方之间签下合同来促成这项交易。

首先，我筹集了10万美元的定金，这将使我能有90天的宽限期来筹集余下的款项。我为什么要这么做呢？就是因为我知道这么做将带来200万美元。但后来我再也没有去筹集款项，因为那位借给我10万美元的人给了我5万美元当作找到这次交易机会的酬劳，他取代了我的位置成为买家，我则抽身离开了。总的工作时间：3天。所以说，你知道的比你买到的更重要。投资不仅仅是买东西，而应该是一个不断学习的过程。

3. **把精明的人组织起来**。聪明的人往往会雇用比自己更聪明的人或与他们一起工作。当你需要建议的时候，你一定要确定你选择的是明智的顾问。

你要学习很多东西，也会因此得到巨大的回报。如果你不想学习这些技能,那么我建议你最好做第一类投资者。你懂得了这一点就是你拥有的最大财富,而不知道这一点将会成为你面临的最大风险。

  风险总是无处不在,要学会驾驭风险,而别总想回避风险。

讨论学习环节
第五章
第五课　富人的投资

Rich Dad, Poor Dad

第五章
第五课　富人的投资

本章小结

罗伯特举了两个对立的例子：

第一个例子，当亚历山大·格雷厄姆·贝尔因为无法满足市场对他新发明的强劲需求然后试图把他的公司以10万美元卖给西部联合公司。西部联合公司没有看到这个商机从而拒绝了他的要求，随后一个拥有数十亿美元资产的企业——美国电报电话公司——诞生了。

第二个例子：电视新闻中有一条新闻谈到了本地一家公司的又一次裁员，在镜头面前，一个即将失业的经理人因害怕失去自己刚贷款购买的房子而乞求老板不要解雇他。

恐惧和自我怀疑存在于每一个人的体内。罗伯特从1984年就开始从教，也看到了成千上万的人都有这种情绪，同样他自己也有。我们都有极大的潜能，也有极大的自我怀疑。

要创造一个成功的人生，勇气的作用不容小觑。作为一名教师，看到学生们明明知道该做什么，却缺乏勇气付诸实际，罗伯特就感到十分悲哀。

要成为理财方面的天才既需要专业知识，又需要足够的勇气。试着去冒险，要勇敢，让你的才华把恐惧转变成力量和智慧——这是一个会吓到一些人的建议，因为当提到钱的时候很多人都变得谨慎。

这个世界上有着无数的变化。提高你的财商可以让你看到未来的变化,而不是心存恐惧。你可以看到商机并且开始行动;相反,那些甘愿让恐惧把他们踢到局外的人,只能看到别人勇敢地前进。

300年前,土地是一种财富。后来,财富只存在于工厂和工业产品中。今天,信息便是财富。信息以光一样的速度在全世界迅速传播,变化会越来越快,越来越显著,新的千万富翁人数会极大地增加,同样,也会有许多人被远远地抛在后面。

之所以许多人在辛苦工作、苦苦挣扎,这主要是因为他们依然固执于陈旧的观念。他们把自己的困苦归咎于技术的进步。很遗憾他们没有意识到,问题的症结其实在于他们自身陈旧的思想。某种思想或方法在昨天可能还是一种资产,今天却已经变成了负债。

罗伯特举了一个例子,一个女人来到他教学的班级并玩他发明的《富爸爸现金流》游戏。这个游戏可以帮助大家了解金钱是如何运动的以及收益表和资产负债表之间的互动关系。

一些人讨厌这个游戏,也有许多人喜欢它,还有一些人并不理解它的真正意义。这个女人一直认为"那艘小艇"是她的资产,最后她才发现这艘小艇负面地影响了她现金的流动。她拿了一手好牌,却玩了一次很糟糕的游戏。最终,她非常生气然后要求退款,并且拒绝查看这个游戏对她的测评结果。

游戏是一种有力的教学方法,它能反映一个人的行为方式,因为它是一个实时的反馈系统。后来,罗伯特得知,当这个女人冷静下来以后,她发现这个游戏和她自己的人生之间确实存在着某种微妙的关系：她从没有认真审视过自己的人生以及她前夫的财富，并亲手将它们葬送掉了。

《富爸爸现金流》游戏的设计目的是想教会每位玩家去思考和创造新的、不同的财务选择。有些人做起来很简单，有些人做起来很纠结。那些有着创造性财务思维的人通常也是最先跳出"老鼠赛跑"圈的人。

许多人在《富爸爸现金流》游戏中挣到许多"钱"，却不懂得如何去利用。现实生活中也有这样的人。

《富爸爸现金流》游戏的一些玩家抱怨说"机会卡"总是不来光顾他们，于是，他们就坐在那里边发牢骚边等待。有些人得到了一张不错的"机会卡"却没有钱去实施。还有一些人，他们手里既有钱，也得到了一张"机会卡"，但是根本发现不了机会在哪里。所有这些行为也都真真切切地发生在现实生活中。

财商就是让你有更多的选择，找到发现机会的方法或者改变局面来做自己喜欢的事情。

运气已经准备好了，那么你也开始创建属于自己的财富人生吧。

众所周知，钱并不是我们最伟大的资产，我们的头脑才是。试着训练我们的头脑，这样我们仅仅用点子和合约就可以赚取数百万美元。

每个月把钱储蓄起来确实是一个不错的想法，但是它有可能让你对外界发生的事情一无所知，然后导致你错失许多更加重要的致富机会。

在20世纪90年代早期，凤凰城的经济非常糟糕。罗伯特和他的妻子金，利用这个时期投资房地产。他用 2 万美元购买了一处价值 7.5 万美元的房子，其中 2000 美元的定金是他向朋友借的，借期 90 天，利息 200 美元。在购房过程中，他发布了这样一条广告：价值 7.5 万美元的房子以 6 万美元低价处理并且零首付。当这个房子为他合法所有时，他立马就把这个房子卖了出去。买卖双方皆大欢喜。罗伯特利用自己的资产创造了 4 万美元，而且是以买家开出承兑汇票的形式。以 10% 的利息计算，罗伯特和妻子每年的现金流都可以增加 4000 美元。他们这次投资投入的总工作时仅有 5 小时。

一旦这个买家最终不能偿还贷款，罗伯特他们便可以收回他们的房子并再次出售。

这样做是合法的，第三方公司会处理支付的服务事项，然后罗伯特和金也不需要负责处理修理屋顶或者厕所的事情，因为买房子的人才是房子的所有者。

几年以后，凤凰城的房地产市场变得更加红火，不值得他们花费大量时间用于寻找类似的机会了，于是他们选择离开。

目前的市场状况可能和当初大有不同，所以这个策略不一定适用于你。但是这个例子说明：你可以用很少的资金，冒很小的风险，再通过一个简单的财务运作过程就可以创造出几百几千万美元的财富。这一例子也说明了获取金钱仅用一纸合约而已。

你是否情愿努力工作、缴税，然后把剩下的钱存起来——要知道，即便是存款利息也要缴税。与其这样，你不如花点时间来提高你的财商，增强你的动脑能力，从而增加你的资产。

市场起伏，投资不稳。一生中我们将面临很多机会，你需要做的就是发现机会。

罗伯特还分享了另外一个例子，即他以4.5万美元在俄勒冈州波特兰市场萧条时期购买了一处房子，然后把它出租，收取租金。但是一年以后，市场再次振兴，这处房子的市值高达9.5万美元。罗伯特用出售房屋后所获得的资金进行再投资，在俄勒冈州的比弗顿购买了一处价值30万美元的房子。两年后，他又把房子卖掉，再购买了凤凰城一处价值87.5万美元的房子。几年后，一个投资者愿意出价120万美元购买这个房子的所有权。这是一个如何让一小笔钱变成一大笔钱的例子。

你的财商越高——当然，这需要花时间——你越能发现越多的投资机会。

罗伯特的投资哲学即是把"种子"播种在他的资产项下。开始播下小小的种子（投入一小笔钱），这些"种子"有的长成了参天大树（数百万美元），有的则没有。

罗伯特和金还有一组高风险的股票投资组合——一家刚上市的、投机性强的私人公司的股权。这确实面临很大的风险，但你的财商越高，你所面临的风险就越低。你越精明，你越能应付意外情况。

有些人会说，现在并没有适合投资的房地产，但在罗伯特看来：长期来看，现在到处都是极好的机会。大部分人无法致富仅仅是因为他们没有受到理财训练，因而不知道机会其实就在眼前。

当你提高财商并把它付诸实践的时候，记得享受其中的乐趣。有时候你会赢，有时候你会输，但大部分情况下都是很有趣的。不要害怕失败，因为失败也是成功的一部分。

一般有两种类型的投资者：(1) 进行一揽子投资的人（比如财务计划师）；(2) 自己创造投资机会的人（职业投资者）。

如果你想成为第二种投资者，你就必须提升3种主要技能：第一，如何找到别人错失的机会；第二，如何筹集资金；第三，如何把精明的人组织起来并雇佣他们为你工作。

风险无处不在，要学会驾驭风险，别总想回避风险。

> **左脑时刻**：一小笔钱可以通过精明的、好的投资变成一大笔钱。
>
> **右脑时刻**：罗伯特常常鼓励他的成人学生要从《富爸爸现金流》游戏中发现哪些情况是他们所知道的，哪些是他们还需要学习的。最重要的是，这个游戏能反映一个人的行为方式，它是一个实时的反馈系统。它不需要老师不停地讲解，它就像是一场个人间的对话，完全按照你的习惯定制。
>
> **潜意识时刻**：我们都拥有巨大的潜能——这是上天赏赐的礼物。我们都或多或少地存在着某种自我怀疑的心理，从而阻碍前进的步伐。这种障碍很少是缺乏某种技术性的东西，更多的是缺乏自信。

罗伯特说了什么

现在是开始反思的时间。问问自己："罗伯特在这段引述里说了什么？""他为什么会那样说？"在这个环节，无论你对罗伯特的那些说法是否赞成，只需理解他所说的内容即可。

切记，这个模块的设计是为了凸显讨论与合作的重要性。毕竟两个人的智慧大过一个人的智慧。如果你不理解罗伯特所说的内容，请不要害羞和回避。你可以向他人请教。花点时间讨论一下他的每段引述，直到你真的理解了。

在现实生活中，人们往往是依靠勇气而不是智慧去取得领先的位置的。

作为一名教师，我意识到过分的害怕和自我怀疑是毁掉我们才能的最大因素。看到学生们明明知道该做什么，却缺乏勇气付诸实际，我就感到十分悲哀。

陈旧的思想是那些在贫困线上苦苦挣扎的人背负的最大债务。原因很简单：他们没有意识到已有的某种思想或方法在昨天还是一种资产，今天却已经变成了负债。

富人往往更富有创造性，愿意经过精心筹划后再去冒险。

为什么你想提高自己的财商呢？因为你想成为能够自己创造机遇的人。

我们唯一的，也是最重要的资产是我们的头脑。如果使其得到良好的训练，它转瞬间就能创造大量的财富。而未经训练的头脑有可能创造无数的贫穷来拖垮一个家庭，甚至几代人。

如果投资机会太复杂而我又弄不明白，我就不会去投资。简单的数学计算和一般常识是有效理财所需要的一切。

通常，那些贴着"安全标签"的投资是被他人进行过风险处理的。它们是如此安全，以至于回报也少得可怜。

如果你清楚自己在做什么，那就不是在赌博；如果你把钱投进一笔交易然后只是祈祷，这才是在赌博。

好机会是用你的脑子而不是用你的眼睛看到的。

懂得财商的重要性，这就是你最大的资产。不知道这一点，将成为你面临的最大的风险。

附加问题

现在是时候将这一章的故事和你对罗伯特的话的理解运用到自己的生活中去了。问问自己下面这些问题，并和自己的学习伙伴讨论。一定要对自己和你的学习伙伴诚实。如果你不喜欢自己给出的答案，问问自己是否愿意改变或者接受改变自己想法和心态的挑战：

我们都或多或少地存在着某种自我怀疑的心理，从而阻碍前进的步伐。这种障碍很少是缺乏某种技术性的东西，更多的是缺乏自信。

1. 罗伯特说阻碍我们前进的并非技术性知识的缺乏，而是自我怀疑和自信的缺乏。你生活中是否有这样的例子或者周围其他人因为自我怀疑使他错过了极好的机会？

2. 有些人很有钱但他们的财务状况并不尽如人意。为什么会那样？

3. 随着你不断提高自己的财商，想一想它如何帮助你更容易地判断一个交易的好坏。

4. 罗伯特的投资哲学是在他的资产项下播种种子。开始的时候种子很小，然后看着它慢慢长大。你现在打算如何在自己的资产里种下种子？如果你并不打算这么做，那么你又将如何开始？

5. 罗伯特列举了两种投资者：(1) 购买一揽子投资的人；(2) 自己创造投资机会的人。你属于哪种？那是你想成为的那种吗？

6. 你如何看待生命中对失败的恐惧？它是如何阻止你抓住机会的？在未来，你将如何征服这种恐惧？

读书笔记

第六章

第六课　学会不为钱工作

对于受过良好教育的爸爸来说，工作的稳定就是一切；而对于富爸爸来说，不断学习才是一切。

几年前，我接受了新加坡一家报纸的采访。一位年轻的女记者准时赴约，采访立即开始了。我们坐在一家豪华酒店的大厅里，喝着咖啡，谈论我此次行程的目的。我和畅销书作家金克拉一起接受采访，他谈的是动机问题，而我谈的是"富人的秘密"。

"有一天，我想成为像你这样的畅销书作家。"女记者说。我曾经读过她在报上发表的一些文章，而且印象深刻，她的文章风格犀利且有条理，深受读者的欢迎。

"你的文章风格很好，"我回答，"那么，是什么妨碍了你实现梦想？"

"我的写作之路似乎前途渺茫，"她平静地说，"人们都说我的小说非常好，但是仅此而已。因此，我依然继续在报社工作，至少，这能挣钱支付账单。你能给我些建议吗？"

"好的，"我高兴地说，"我在新加坡的一位朋友办了一所学校，培训销售技能。他为新加坡的许多大公司讲授营销课程，我想如果你去听听他的课，或许会对你的职业生涯有帮助。"

她有点不快，"你是说我应该去学销售吗？"

我点点头。

"你是当真的吗？"

我又点点头。"有什么不妥吗？"我问道。但她似乎被激怒了。我有点后悔自己所说的话。本来我是想帮忙，现在却得为自己的建议辩解。

女记者对我说："我拥有英语文学硕士学位，我干吗要去学做推销员？我是一个专业人士，即使我需要接受再教育也是为了进行专业上的深造，绝不是为了去当什么推销员。我讨厌那些推销员，他们眼里只有钱。所以，请告诉我为什么我非得去学销售？"她边说边抓起她的提包，于是采访草草收场了。

在咖啡桌旁放着我以前写的一本畅销书。我拿起书，见到她粘在封面上的一张便条。

"你看到这个了吗？"我指着她记的便条。

她低头去看自己的便条，"什么？"她困惑地说。

我又指了指她的便条，便条上写着："罗伯特·T.清崎，畅销书作家。"

"上面写的是畅销书作家,而不是最好的作家。"我轻声说道。

她突然睁大了眼睛。

"我只是一个平庸的作家,"我说,"而你则是一位优秀的作家。我去了销售学校,而你得了硕士学位。如果你把这两方面结合起来,你就既是'畅销书作家',又是'最好的作家'。"

她的眼里燃起了怒火,愤怒地说道:"我永远不会委屈自己去学什么销售,像你这样的人也不应该写作。我是受过专业训练的作家,而你以前不过是一个推销员,这不公平。"

她收好其他的便条,然后匆匆穿过巨大的玻璃门,消失在新加坡潮湿的清晨里。

好在第二天早上她给了我一个公平、良好的访谈记录。全世界到处都有聪明、才华横溢、受过良好教育以及极具天赋的人。我们每天都会碰到这样的人,他们就在我们的身边。

几天前,我的汽车出了点问题。我把它开进维修厂,一个年轻的机械工不到几分钟就修好了。他只要听听发动机的声音就能确定毛病出在哪里,这使我感到非常惊讶。

然而遗憾的是,只有天赋是不够的。

我常常吃惊为什么有些人才华过人却只挣到很低的工资。我曾遇见聪明且受过高等教育的人每年收入不到 2 万美元。一位药品贸易的商务顾问曾经告诉我,有许多医生和按摩师在财务上困难重重。以前我总是认为他们一毕业,美元就会滚滚而来。这位商务顾问还跟我说了一句话:"他们只有一项技能,所以挣不到大钱。"

这句话的意思是说,大部分人需要学习和掌握不止一项技能,只有这样他们的收入才能获得显著增长。以前我提到过,财商是会计、投资、市场和法律等各方面知识和能力的综合。将上述4种技能结合起来,以钱生钱就会容易得多。当涉及钱的时候,只有一项技能的人不得不努力工作。

有关综合技能的典型例子就是那位为报纸撰稿的年轻女记者。如果她能努力学习销售的技能和有关市场的知识,她的收入就会显著增加。如果我是她,我一定会去学习一些有关广告文案和销售方面的课程。然后,我会去一家广告公司找一份工作。即使这样做会使收入减少,但我能学到在成功的广告中运用的"用几秒钟交流"的技巧。我还会花时间去学习公共关系这一重要的技能,以便通过免费的公关来获得价值数百万美元的免费广告宣传——她可以利用这项技能把她的下一部小说变成畅销书;然后,利用晚上和周末来创作。如果她能够做到我上面说的事,她写的书就会畅销,并且,会在很短的时间内,成为一位"畅销书作家"。

当我第一次带着我写的书《如果你想生活得富裕幸福,要不要去学校?》去见一位出版商时,他建议我将书改名为《经济学教育》。我告诉出版商,如果用这个书名,我只能卖出两本书:一本给我的家人,另一本给我最好的朋友。可问题是,即便是他们也希望免费得到这本书。选择《如果你想生活得富裕幸福，要不要去学校？》这一"可恨的"书名，是因为我们知道它会受到大众的欢迎。我赞成教育，但也认为应该进行教育改革，否则，我为什么一直在呼吁改革陈旧的教育体制呢？我之所以选择这样一个书名，使我有机会在更多的电视和电台节目中露面，因为我愿意引起争议。许多人可能认为我没什么深度，这本书却一版再版。

1969年，我从美国商船学院毕业了。我受过良好教育的爸爸十分高兴，因为加州标准石油公司录用了我，让我在油轮上工作。我是一个三副，比起我的同班同学，我的工资很低，但作为我离开大学之后的第一份工作，也还算不错。我的起薪是一年4.2万美元，包括加班费。而且我一年只需工作7个月，余下的5个月是假期。如果我愿意

20年后的今天
为什么教育失败

大多数教师缺乏现实世界的体验——他们没有做过他们所教授的事情。事实上，他们没有经历过他们在课堂上所教导的事情，也未尝试过犯错误，更不会从这些错误中学到东西，并把学到的东西应用在接下来的实践中，从而变得越来越好。学校教我们阅读和记忆。我认为"学习"是应用我们所学的东西的关键。金和我每年都与我们的顾问见几次面，我们一起选书阅读和学习。如"学习金字塔"理论所述，小组讨论是有效学习的好方法之一。

的话，还可以用那5个月的假期随一家附属船舶运输公司的船只到越南去，这样年收入能翻一番。

尽管前途光明，但我还是在6个月后辞职了，加入海军陆战队去学习飞行。对此，我受过良好教育的爸爸非常失望，富爸爸则祝贺我做出了这样的决定。

在学校和工作单位，最普遍的观点就是"专业化"。也就是说，为了挣更多的钱或者能升职，你需要更加专业化。这就是医生们要早早寻求某种专长——如骨科或儿科——的原因。对于会计师、建筑师、律师、飞行员及其他很多专业人士也是这样。

我那受到良好教育的爸爸也信奉同样的教条，因此，当他最终获得博士学位时非常激动。不过他也承认，社会越来越少奖励那些学得多的人了。

富爸爸则鼓励我去做恰好相反的事情。"对许多知识你只需知道一点就够了。"这是他的建议。所以，这些年来我曾在他的公司的不同部门工作过。有一段时间我在他的会计部工作，虽然我从来不想成为会计，

> "对许多知识，你只需知道一点就够了。"这是富爸爸给我的建议。

但他仍希望我借助这种渗透作用学习一些会计方面的常识。富爸爸知道我会明白那些"行话"，而且懂得哪些东西重要，哪些东西不重要。我也曾做过公共餐厅服务员、建筑工人、推销员、仓库保管员和市场营销人员。富爸爸一直在培养我和迈克，坚持让我们列席他与银行经理、律师、会计师和经纪人的会议，希望我

们对他的商业帝国的每一部分都能有所了解。

当我辞掉在标准石油公司收入丰厚的工作后,受过良好教育的爸爸和我进行了推心置腹的交谈。他非常吃惊,也不理解我为什么要辞去这样一份工作:收入高,福利待遇好,休假长,还有升职的机会。有一天晚上他问我:"你为什么要辞职呢?"我没法向他解释清楚,我的逻辑与他的不一样。最大的问题就在于此,我的逻辑和富爸爸的一致。

对于受过良好教育的爸爸来说,工作的稳定就是一切;而对于富爸爸来说,不断学习才是一切。

受过良好教育的爸爸认为我去学校学习就是要做一名船员,而富爸爸则知道我去学校是为了学习国际贸易。因此,在我做学生时就跑过货运,驾驶过去远东及南太平洋的大型运输船、油轮和客轮。富爸爸强调我应该乘船去太平洋而不是去欧洲,因为他认为"新兴国家"是在亚洲而不是欧洲。当我的大多数同班同学,包括迈克,在搞联谊的时候,我却在日本、泰国、新加坡、越南、韩国、菲律宾以及中国台湾和中国香港等地学习贸易、人际关系、商业类型和当地文化。我也参加晚会,但不去任何大学的联谊会,我迅速地成熟起来了。

受过良好教育的爸爸无法理解我为什么决定辞职加入海军陆战队。我告诉他我想要学习飞行,但实际上我是想学会指挥军队。富爸爸曾给我解释,经营一家公司最困难的就是对人员进行管理。他在军队待过3年,而受过良好教育的爸爸则免服兵役。富爸爸告诉我学会在危险形势下领导下属的重要性。"领导才能是你下一步迫切需要学习的，"他说，"如果你不是一个好的领导者，你就会被背后的冷箭射中，就像他们在商业活动中做的一样。"

1973年从越南回国后，我离开了军队，尽管我仍然热爱飞行。我在施乐公司找到了一份工作，我是有目的的，不过不是为了物质利益。我是一个腼腆的人，对我而言销售是世界上最令人害怕的课程，而施乐公司的营销培训项目是美国最好的销售培训。

富爸爸为我感到自豪，而受到良好教育的爸爸则为我感到羞愧。作为知识分子，他认为推销员低人一等。我在施乐公司工作了4年，直到我不再为可能吃闭门羹而发怵。当我稳居销售业绩榜前5名时，我再次辞职，又放弃了一份不错的职业和一家优秀的公司。

1977年，我创建了自己的第一家公司。富爸爸鼓励我和迈克去管理公司，现在我就得学着创建并管理它们了。我的公司的第一种产品是尼龙和维克牢①搭扣钱包，它们是在远东生产的，然后装船运到纽约的仓库里，仓库离我去上学的地方很近。我的常规教育已经完成，现在是我单飞的时候了。如果失败了，我就会破产。富爸爸认为如果要破产的话，一定要在30岁以前，他的建议是"这样你还有时间东山再起"。就在我30岁生日的前夜，我的第一批货物驶离韩国前往纽约。

直到今天，我仍然在做国际贸易，就像富爸爸鼓励我的那样，

---

① 维克牢：即魔术贴，又名粘扣带，广泛用于布制品上。

我一直在寻找新兴国家的商机。现在我的投资公司在南美、亚洲、挪威和俄罗斯等地都拥有投资项目。

> 工作确实比破产强一点儿。

正如一句格言所说："工作确实比破产强一点儿。"然而不幸的是，这句话确实适用于千百万人，因为学校没有把财商看作是一种智慧，大部分工薪阶层都量入为出，他们挣钱，然后支付账单。

还有另外一种可怕的管理理论是这样说的："工人付出最大努力以免于被解雇，而雇主提供最低工资以防止工人辞职。"如果你看一看大部分公司的工资支付额度，就会明白这一说法确实在某种程度上道出了真相。

最终的结果是大部分人从不敢越雷池一步，他们按照别人教他们的那样去做：找一份稳定的工作。大部分人是为短期的工资和福利工作的，但从长期来看这种做法常常是具有灾难性的。

相反，我劝告年轻人在找工作时要看能从中学到什么，而不是只看能挣多少钱。在选择某种职业或陷入"老鼠赛跑"的

20年后的今天
谁是你的老师？

在过去的20年中，我从富爸爸那里学到的东西变得愈加清晰，那就是选择老师的重要性。要选择那些真正做过你想做的事情的人当自己的老师。

陷阱之前，要仔细看看脚下的路，弄清楚自己到底想获得什么技能。

一旦人们陷入为支付账单而整天疲于奔命的陷阱，就和那些蹬着小铁笼不停转圈的小老鼠一样了。它们的小毛腿蹬得飞快，小铁笼也转得飞快，可到了第二天早上，它们发现自己依然被困在笼子里，就像你被你的工作困住一样。

在巨星汤姆·克鲁斯主演的电影《甜心先生》中，有许多非常好的台词。可能最容易记住的就是那句"把钱给我看看"。但我认为还有一句台词简直就可以被称为真理。他发生在汤姆·克鲁斯离开公司的那一幕，他刚被炒了鱿鱼，于是就问公司的人："谁愿意和我一起走？"顿时鸦雀无声，仿佛连空气都凝固了。只有一位女士站出来说："我愿意……可是3个月后我就能升职了。"

这句话可能是整部电影里最实在的一句台词，道出了那些总是为生计而忙碌工作的人们的心声。我知道，受到良好教育的爸爸每年都期望加薪，但每年都十分失望。于是他不得不回学校去获得更高的学历，以得到另一次加薪的机会，但是他只能又一次失望。

我经常向人们提一个问题："你终日忙碌的目的是什么？"就像那只小老鼠一样，我想知道人们是否会想一想，这样辛苦地工作到头来究竟是为了什么？未来的日子又会怎样呢？

克莱格·卡佩尔在《退休的迷思》一书中写道：我采访过一家重要的全国性退休金咨询公司，并与一位专门为企业高管制定退休计划的经理进行了一次谈话。当我问她职业人士对养老金有什么期待时,她自信地笑了笑说:"万灵丹。"

"什么是万灵丹?"我问道。

她耸耸肩,说:"如果婴儿潮一代发现,在年老的时候并没有足够的钱来维生,他们会陷入绝望。"

卡佩尔接着分析了原来的固定福利计划和后来更加不可靠的401(k)计划之间的区别。对于今天仍在工作的大部分人来说,这可不是一幅美妙的图景,而这仅仅是指退休金,如果再加上医疗和私人养老院的费用,这幅图景会更加可怕。

在一些拥有社会医疗保障的国家,许多医院不得不艰难地做出抉择,例如:到底先救谁。他们完全是根据这些病人有多少钱、年纪多大而做决定的。如果病人年纪大了,他们就会把医疗服务提供给更年轻的人,而那些又老又穷的病人只好排在最后。因此,就像富人能得到更好的教育一样,富人也能使自己活得更长,而穷人只会死得早一些。

20年后的今天
第一大恐惧

值得重复的是:年老的美国人最大的恐惧是养老钱吃紧。无论是以前公司帮你规范养老金的DB计划还是自己给自己养老的DC计划,它们改变了人们退休计划的规则,将更加强调政府的资助项目和应得权益。

所以我想知道,是否工薪阶层只有在梦想着未来或者等到下次领工资的时候,才会对自己的遭遇产生疑问呢?

当我面对那些想挣更多钱的成年人演讲时,我总是建议他们要有长远的眼光。我承认为了金钱和生活安稳而工作是很重要,但我仍主张要再找一份工作,以便从中学到另一种技能。我常常提议,如果想学习销售技能,最好进一家网络营销公司,也被称为多级营销公司。这类公司多半能够提供良好的培训项目,帮助人们克服因失败造成的沮丧和恐惧心理,这种心理往往是导致人们不成功的主要原因。从长远来看,教育比金钱更有价值。

当我提出这些建议时,我常常听到这样的回答:"这太麻烦了",或是"我只想做我感兴趣的事"。

如果他们说"太麻烦了",我会反问:"那么,你宁可辛苦一生,把挣来的 50% 的收入交给政府?"如果他们说"我只想做我感兴趣的事",我的回答是:"我对去健身房不感兴趣,但还是要去,因为我想身体更好,活得更长。"

遗憾的是有一些老话仍然不过时,像"你无法教老家伙学会新玩意儿",除非一个人习惯于变化,否则改变对他来说将是十分困难的。

但是,你们中间仍有些人对于"工作是为了学习新东西"这种观点有疑虑,我想说一句话鼓励你们:生活就像去健身房,最痛苦的事情是做出锻炼身体的决定,一旦你过了这一关,以后的事情就好办了。有很多次,我害怕去健身房,但是只要我去了并开始运动,就会感到非常愉快。健身之后我总是很高兴,因为我说服了自己坚持下来。

如果你坚持不愿意学习新东西,而只是想在自己的领域里成为专家,那么你要确信你服务的公司是有工会的,因为工会会保护专业人士。我受过良好教育的爸爸在失去了政府的"恩宠"之后,成为了夏威夷教师工会的负责人。他告诉我这是他所做过的最难的工作。

对我个人来说,我不倾向于劳资任何一方,因为我能理解双方有各自的需要和利益。如果你按学校所教育的那样去做,成为一位专业人士,那么最好去寻求工会的保护。例如,如果我继续我的飞行生涯,我就会进一家有强有力的飞行员工会的公司。为什么?因为我将终生只在这一行里学到一种有价值的技能,如果我被这一行业抛弃,我的技能对其他行业便毫无用处。一位拥有10万小时驾驶大型运输机记录的高级飞行员,每年能挣15万美元,可一旦下岗,就很难找到一

20年后的今天
医疗费用猛增

人们寿命更长,护理成本越来越高。药品制造商收取的费用越来越多,而保险公司只支付很少一部分。几乎每个人都感觉到生活越来越拮据。虽然实际情况和统计数据有所出入,但大多数研究一致指出:美国的很多破产是由于失控的医疗费用所致。

个收入相当的在学校教书的工作了。技能不一定能从一个行业转到另一个行业，在航空业被看重的飞行技能在教育系统并不受重视。

甚至对于今天的医生来说也是如此。随着医学的变化，许多医药专家需要加入"健康维护组织"这样的医疗机构，教师也一定要成为工会的会员。在如今的美国，教师工会是所有工会中最大、最富有的一个。全国教育协会拥有巨大的政治影响力。教师们需要工会的保护，因为他们技能的价值也只限于教育系统。因此法则就是：如果你是高度专业化的人士，就加入工会。这才是明智之举。

20年后的今天
制度＝IT

在当今世界，制度即IT——您的互联网技术。您对今天的所有工具使用得有多好？智慧地选择你的团队、你的顾问和导师。今天，富爸爸公司的总裁是一名IT天才，他创建了自己的团队，并利用当今的技术来改进系统、流程和沟通。关注未来的同时，新工具也会给我们提供所需的一切。

当我问自己班上的学生"你们中间有多少人能做出比麦当劳更好的汉堡包"时，几乎所有的学生都举起了手。我接着问："如果你们中大部分人都能做出比麦当劳更好的汉堡包，那为什么麦当劳比你们更赚钱？"

答案是显而易见的：麦当劳拥有一套出色的商业体系。许多才华横溢的人之所以贫穷，就是因为他们只是专心于做好产品，而对商业体系却知之甚少。

我有一位夏威夷的朋友是杰出的艺术家，他也挣了很多钱。一天，他母亲的律师打电话告诉他，他母亲给他留下了3.5万美元的遗产，这是他母亲的房产在扣除律师费和税收后的余额。不久后，他发现了一个可以发展事业的"机会"。为此，他需要用这笔钱的一部分来做广告。两个月后，他的第一个四色整版广告登在一份昂贵的杂志上，这份杂志的读者主要是富人。然而广告刊登了3个月后，却没有收到任何效果，他所继承的遗产也花光了。现在他想以误导为由起诉那家杂志。

这是一个有关只懂怎么做好汉堡包，却不懂如何将汉堡包卖出去的典型例子。当我问他从这件事学到了什么时，他只是回答"广告商都是骗子"。于是我问他愿不愿意学习销售和一门直销课程，他回答："我没时间，也不愿意浪费钱。"

世界上到处都是有才华的穷人。在很多情况下，他们贫穷、财务困难或者只能挣到低于他们应得的薪水，不是因为他们已知的东西而是因为他们未知的东西。他们只将注意力集中在提高做汉堡包的技能上，却不注意提高销售和配送汉堡包的技能。也许麦当劳不能做出最好的汉堡包，但他们能在做出一般水平的汉堡包的前提下，做到最好的销售和配送工作。

穷爸爸希望我学有所长，这是在他看来能够获得更高收入的途径。即使是在夏威夷州长通知他不能继续在政府工作时，我受到良好教育的爸爸仍然鼓励我去拥有某项专长。后来，受到良好教育的爸爸接手了教师工会的工作，为保护那些高级专业人才和受到良好教育的人士的利益而努力。我们经常为此争论不休，但我知道，他从不认为过分专业化恰恰是导致这些人需要工会保护的原因。他不能理解，为何越是专业化，就越是掉入陷阱而无法自拔。

富爸爸建议我和迈克去"培养"自己。许多企业也是这么做的，他们在商学院里挑选一个年轻聪明的学生，并开始"培养"他，希望有朝一日他能领导这家公司。因此，这些聪明的年轻人并不去专项钻研某一个部门的业务，而是从一个部门跳到另一个部门，从而学到整个企业各个系统的知识。富人们也常常这样"培养"自己的或是别人的孩子，通过这种方法，孩子们能对如何经营一家企业有一个整体的认识，并可以了解不同部门的相互关系。

对于经历过第二次世界大战的那一代人来说，从一家公司跳槽到另一家公司是一件坏事，而今天人们却认为这是明智之举。既然人们从一家公司跳到另一家公司，不是为了寻求更深入的专业知识，那为什么不借此机会多学习而别光想多挣钱呢？尽管从短期来看，你的薪水可能会减少；但从长远来看，你将从中获得巨大的收益。

成功所必需的管理技能包括：

1. 对现金流的管理。

2．对系统的管理。

3．对人员的管理。

最重要的专门技能是销售和对市场营销的理解。销售技能是个人成功的基本技能，它涉及与其他人的交往，包括与顾客、雇员、老板、配偶和孩子。而沟通能力，如书面表达、口头表达及谈判能力等对一个人的成功来说更是至关重要。我就是通过学习各种课程、听教学磁带等来扩展知识并不断提高自己的这一技能的。

正如我之前提到的那样，我受过良好教育的爸爸工作越努力，就越具有竞争力，但同时他也更深地陷入专业特长的陷阱之中。虽然他的工资增长了，可他的选择机会却少了。直到失去了在政府中的工作，他才发现自己在职业选择上是多么被动。这就好比职业运动员因为突然受伤或是年龄太大而无法继续参加比赛一样，他们会失去曾经拥有的高收入工作，而有限的技能又使他们无法另辟蹊径。我想，这就

20年后的今天
销售=收入

富爸爸顾问布莱尔·辛格是我们的销售团队专家，他已经把"销售=收入"这个理念植入我的脑海30年。您的销售能力——沟通和自我优势定位——直接影响成功与否。

是为什么从那时起我爸爸变得如此支持工会了，因为他意识到工会能使他受益。

富爸爸鼓励我和迈克多去涉猎一些东西。他鼓励我们去和比我们更精明的人一起工作，并把他们组成一个团队。现在把这种做法称为专家组合。

今天，我看到一些曾当过老师的人现在每年能挣数十万美元，他们挣这么多钱是因为他们不仅拥有教育方面的专业技能，还拥有其他方面的特长。他们既能教书，也能做销售和市场营销。我还不知道有比销售和市场营销更重要的技能，但要掌握它们对大部分人来说是很困难的，这主要是因为他们害怕被拒绝。所以，你在处理人际关系、商务谈判和被拒绝时的恐惧心理等方面做得越好，生活就会越轻松。就像我对那位想成为"畅销书作家"的女记者所建议的一样，我今天也给所有人这个建议。

精通专业技能既是优势也是弱点。我有许多朋友，他们非常有天赋，但不善于与其他人交流，结果他们的收入少得可怜。我建议他们用一年时间来学销售，即使挣不到什么钱，可他们处理人际关系的能力会大大提高，这种能力是无价的。

除了成为优秀的学习者、销售员和市场营销人员外，我们还需要成为好老师、好学生。要想真正富有，我们既要不吝付出也要学会索取。对于那些被财务或职业问题所困的人来说，他们常常既不会付出，也无力索取。我知道许多人穷是因为他们既不是好老师也不是好学生。

我的两个爸爸都是很慷慨的人,他们都把付出放在第一位。向别人传授经验是他们付出的途径之一,他们付出的越多,得到的也就越多。但他们有一个明显的区别,就是对金钱的付出。我的富爸爸会给别人许多钱,他把钱捐给教堂、慈善机构以及他的基金会。他知道要想得到金钱,就必须先付出金钱。付出金钱是那些非常富有的家庭保持富有的秘诀,也是例如洛克菲勒基金会、福特基金会这样的机构存在的原因。建立这些机构是为了增加财富,从而让其他人能够永远受益。

我那受过良好教育的爸爸总是说:"当我有多余的钱时,就会把它捐出来。"可问题是他从来就没有多余的钱。因此他更加努力地工作以增加收入,却没有注意到一条最重要的金钱法则——给予,然后获得。相反,他信奉的是"得到后再付出"。

20年后的今天
变革之风

与教育和教育体制相关的变革之风为华盛顿注入了新鲜血液。学生在择校时,大多会倾向于选择有这样一些老师的学校:"那些具备现实世界经验的老师"。我一直认为,要改变事情,首先必须改变自己。如今,很多人选择改变,倡导改变,尤其在一种过时且陈旧的教育体制下。真正的赢家将是这些孩子们,那些可以在学校学习如何与钱打交道的孩子。

总之，我同时受到两个爸爸的影响。一方面我是资本主义的坚定信奉者，喜欢以钱生钱的游戏；另一方面我又是一个怀有社会责任感的老师，深切地关注日益加大的贫富差距。我个人认为，陈旧的教育体系应该对这一差距的加大负有重要责任。

讨论学习环节
第六章

第六课　学会不为钱工作

Rich Dad, Poor Dad

第六章
第六课　学会不为钱工作

本章小结

罗伯特几年前在新加坡接受一位记者的采访，该记者在访谈中透露，她曾想成为像他一样的畅销书作家。每个人都说她的小说很好，但仅此而已。

罗伯特建议她参加销售培训课程。这番话冒犯了记者，她说她有英语文学硕士学位，为什么还要学习销售。其实她讨厌推销员。当罗伯特说道他是畅销书作家而不是最好的作家时，她却回答说她永远不会低下头学习如何销售，继而结束了采访。

我们周围遍布才华横溢却在为金钱奋斗的人们，正如这位记者一样。用一位商业顾问的话来说，"他们与赚大钱仅隔一项技能的距离。"

这意味着我们太多人是专业性人才。如果我们多学习和掌握一项技能，我们的收入就会呈指数级增长。当涉及钱的时候，只掌握一项技能的人不得不努力工作。

如果那位女记者参加了一些广告文案和销售方面的课程，然后去一家广告公司上班，她将会学到如何获得价值数百万的免费广告宣传——她可以用这项技能把她的下一部小说变成畅销书。

当罗伯特出版他的第一本书《如果你想生活的富裕幸福，要不要去学校》，出版商建议他将此书改名为《经济学教育》。但罗伯特知道这样的书名难以出售。虽然他承认教育的重要性，但他更认为应该进行教育改革，所以他选择了一个颇有争议的书名，因为他知道这样会让更多的电视和电台节目关注他。事实确实如此。

1969年，罗伯特从美国商船学院毕业，被标准石油公司录用，并担任三副职位。薪水尚佳，每年还有5个月的假期。在大多数人看来，这是一个很好的职业生涯，但6个月后，罗伯特选择辞职，并加入海军陆战队学习飞行。

罗伯特寻求的是不断学习新技能，而不像许多人那样（包括穷爸爸）寻求专业化。富爸爸鼓励罗伯特这样做，并告诉他多涉猎各种职业。这就是为什么罗伯特和他的朋友迈克成年后做了多份工作，并从中获得了各种经验。

穷爸爸不理解为什么罗伯特要从标准石油公司辞职。他认为罗伯特去上学正是为了成为一名船员。但是，富爸爸却知道罗伯特上学是为了了解国际贸易。他加入海军陆战队是为了学习领导力。领导力可以服务于他未来的任何事业。

即使罗伯特的性格比较腼腆，他还是于1973年辞职，并就职于施乐公司的销售岗位。其实正因为性格腼腆，他才选择从事销售工作。施乐拥有该国最好的销售培训课程，期间罗伯特克服了害怕敲门、害怕被拒绝的恐惧。当他连续成为公司业绩最高销售人员之一时，他再次选择离开。

罗伯特在1977年创办了他的第一家公司——生产和销售尼龙钱包。钱包在远东制造，通过船运运送至纽约仓库。这段创业经历锻炼了他的经营能力。至今，罗伯特仍从事国际贸易方面的生意。

大多数人努力工作只为获得一份安稳的工作,他们关注的是短期内的薪酬和福利。

其实,他们应该寻求一份可以教他们所需技能的工作。

人们正在寻找他们的人生方向,还是下一个月的薪水?在《退休的迷思》一书中,克莱格·卡佩尔在书中描述了大多数人退休后面临的多种挑战,以及大多数人现实生活的惊人状况。

罗伯特建议人们要有长远眼光:不要单纯地为了赚钱和安稳而工作,应当再找一份工作,并从中学习另一种技能。许多人会反对他的这种建议,因为他们还没有准备好做出改变。但这就像去健身房。你需要说服自己开始付诸行动,一旦你去锻炼了,你会发现自己会为此感到高兴。

如果你坚持不愿意学习新东西,而只是想在自己的领域里成为专家,那么你要确信你服务的公司是有工会的,因为工会会保护专业人士。否则在你的专业之外,你的专业技能可能一无是处。

罗伯特经常问他的学生"你们中间有多少人能做出比麦当劳更好的汉堡包?"几乎所有的人都举起了手。但为什么麦当劳能赚到几百万,而他们却不能?这是因为麦当劳拥有出色的商业体系。

世界上满是才华横溢的穷人。他们必须花时间学习更多的技能,比如麦当劳的商业体系,这样他们才能获得成功。

罗伯特那受到良好教育的穷爸爸鼓励他去拥有某项专长,以便获得更高的收入。尽管这在他自己的生活中并没有奏效。穷爸爸从来不明白:为何越是专业化,就越是掉入陷阱而无法自拔。

另一方面，富爸爸鼓励迈克和罗伯特去"培养"自己，学习其他不同业务领域的知识和经验。

对于经历过第二次世界大战的那一代人来说，从一家公司跳槽到另一家公司是一件坏事，而今天人们却认为这是明智之举。因为它能够让你了解更多信息，并且你将长期受益。

成功所必需的管理技能包括：(1)现金流管理；(2)系统管理；(3)人员管理。最重要的专业技能是销售技能和营销技能。沟通能力，如书面表达、口头表达及谈判能力等对一个人的成功来说更是至关重要。罗伯特就是通过学习各种课程、看教学视频等来扩展知识并不断提高自己的这一技能的。

之所以销售技能和营销技能对大多数人来说是困难的，是因为他们害怕被拒绝。你在处理人际关系、商务谈判和被拒绝时的恐惧心理等方面做得越好，生活就会越轻松。技术专长兼具优势和劣势。这类人员必须扩展沟通能力。

除了成为优秀的学习者、销售员和市场营销人员外，我们还需要成为好老师、好学生。要想真正富有，我们既要不吝付出也要学会索取。

向别人传授经验是富爸爸和穷爸爸付出的途径之一。富爸爸会向教堂、慈善机构以及他的基金会捐款。他知道要想得到金钱，就必须先付出金钱。穷爸爸总是说如果他有多余的钱，他也会捐款，但他从来没有多余的钱。他信奉的是"得到后再付出"。

罗伯特具备两个爸爸的特征，既是一个喜欢赚钱企业家，还是一个对社会负有社会责任感的老师，他深切地关注贫富差距问题，并认为陈旧教育体系是造成这一差距日益扩大的主要原因。

左脑时刻：辞去一份看似有前途的工作而去追求另一份工作，短期来看，你的薪水可能会减少；但从长远来看，你将从中获得巨大的收益。

右脑时刻：学习专业以外的其他技能将会使你受益。

潜意识时刻：面对你需要学习的新技能，请务必克服内心的恐惧和懒惰。而且你必须强迫自己去学习，像去健身房一样，当你做到之后，你会感到很高兴。

罗伯特说了什么

现在是开始反思的时间。问问自己："罗伯特在这段引述里说了什么？""他为什么会那样说？"在这个环节，无论你对罗伯特的那些说法是否赞成，只需理解他所说的内容即可。

切记，这个模块的设计是为了凸显讨论与合作的重要性。毕竟两个人的智慧大过一个人的智慧。如果你不理解罗伯特所说的内容，请不要害羞和回避。你可以向他人请教。花点时间讨论一下他的每段引述，直到你真的理解了。

对于受过良好教育的爸爸来说，工作的稳定就是一切；而对于富爸爸来说，不断学习才是一切。

我常常吃惊为什么有些人才华过人却只挣到很低的工资。

正如一句格言所说："工作（job）一词就是'比破产强一点'（just over broke）。"不幸的是，这适用于数百万人。

我劝告年轻人在找工作时要看能从中学到什么，而不是只看能挣多少钱。

生活就像去健身房，最痛苦的事情是做出锻炼身体的决定，一旦你过了这一关，以后的事情就好办了。

世界上到处都是有才华的穷人。在很多情况下，他们贫穷、财务困难或者只能挣到低于他们应得的薪水，不是因为他们的学识不够，而是因为他们缺乏另一项技能。

精通专业技能既是优势也是弱点。

付出金钱是那些非常富有的家庭保持富有的秘诀。

附加问题

现在是时候将这一章的故事和你对罗伯特的话的理解运用到自己的生活中去了。问问自己下面这些问题，并和自己的学习伙伴讨论。一定要对自己和你的学习伙伴诚实。如果你不喜欢自己给出的答案，问问自己是否愿意改变或者接受改变自己想法和心态的挑战：

1. 你认识有才华但赚的钱很少的人吗？如果他们做出改变，会有什么不同？

2. 你如何寻求专业技能以外的其他技能？结果如何？

3. 你是否宁愿拥有一份安稳的工作，也不辞职而投身于另一份新工作，即使这个新工作从长期来看会带给你更多的收益。你的决定是什么？

4. 如果有人向你寻求建议——关于他们在工作、生活中需要学习的最重要的技能，你会如何答复他们？

5. 付出在你的生活中发挥着怎样的作用？你认为这是你成功的重要组成部分吗？

6. 除了目前的付出方式，你还有哪些付出方式？

读书笔记

第七章

克服困难

> 富人和穷人之间的主要差别在于他们处理恐惧心理的方式不同。

人们通过学习掌握了财务知识,但在通向财务自由之路上仍面临着许多障碍。掌握财务知识的人有时候还是不能积累丰厚的而且能产生大量现金流的资产项,其主要原因有5个:

1. 恐惧。
2. 愤世嫉俗。
3. 懒惰。
4. 不良习惯。
5. 自负。

克服恐惧

我从未遇见喜欢亏钱的人,但在我的一生中,从未遇见一位没亏过钱的富人,却遇见许多从未亏掉一毛钱的穷人——我是说在投资活动中。

对亏钱的害怕是确实存在的,每个人都有这种恐惧心理,包括富人。但恐惧本身并不是问题之所在,关键在于你如何处理恐惧心理,如何处理亏钱的问题。处理失败的不同方式造成了人们生活的差异。富人和穷人之间的主要差别在于他们处理恐惧心理的方式不同。

感到恐惧是正常的,在涉及金钱时表现出胆怯也是正常的,即便如此你仍然有机会成为富人。我们在某些方面是英雄,而在另外一些方面却可能是懦夫。我朋友的妻子是一位急诊室护士,当她看到流着血的病人时,会冲上去救治,可是当我提到投资时,她却逃跑了。不过当我看到血时,我不会跑,我会直接晕倒。

我的富爸爸理解人们对金钱的恐惧症。"一些人害怕蛇,一些人害怕失去金钱,这都是恐惧症。"他说。因此,他有个克服这种恐惧的小窍门:"如果你讨厌冒险,担心会亏钱,就早点动手积累资产吧。"

如果在年轻时就开始积累,你就更容易致富。我不会在这里详细讨论这个问题,但是从20岁开始储蓄与从30岁开始储蓄的人之间的确有巨大的差异。据说,购买曼哈顿岛是有史以来最廉价的交易之一①,它是用价值24美元的廉价小玩意儿买下来的。然而,如果将那24美元用于投资,以8%的年利率计算,到1995年这24美元就会变成2.8万亿美元。用这笔钱不仅可以买回曼哈顿岛,还有余钱几乎能买下洛杉矶。

可是,如果你没有足够的时间或是希望早点退休,又该怎么办呢?你怎样应付亏钱的恐惧心理呢?

我的穷爸爸在这方面没有任何作为。他一味回避这个问题,拒绝进行讨论。

我的富爸爸恰恰相反,他建议我要像得克萨斯人那样思考。"我喜欢得州和得克萨斯人,"他曾说,"在得州,什么东西都大气。如果得克萨斯人赢了,他们就会赢很多;如果他们输了,也会输得令人吃惊。"

"难道他们喜欢失败吗?"我问道。

"我不是这个意思,没有人喜欢失败。有句话说得好,'没有快乐的失败者',"富爸爸说,"我要说的是得克萨斯人对于风险、收益和失败的态度。那是他们驾驭生活的方式,他们活得很大气,不像这儿的大部分人在碰到金钱问题时,就变得像斜齿鳊一样。斜齿鳊在被光照到时会非常害怕,而这种人在杂货店店员少找两毛五分钱时,便会抱怨不停。"

富爸爸接着解释:"我最喜欢的是得克萨斯式的生活态度,

---

① 1626年,荷兰人用价值24美元的物品从印第安人手中买下了曼哈顿岛,并取名为新阿姆斯特丹。1664年曼哈顿岛被英国人占领,改名为纽约。

得克萨斯人赢了会骄傲，输了也不忘吹牛。他们有一句谚语，'如果你要破产了，那就索性一分不剩'。"

富爸爸经常跟我和迈克说，大部分人在财务上不成功的最大原因是他们的做法过于安全。"因为太害怕失败，所以才会失败。"他常这么说。

20年后的今天
取胜的艺术

获胜以及在我们生活的各个方面取胜的愿望是2016年美国总统选举的主题。它不仅是一种心态，还是一个我们人人都可以追求的目标。它激励我们接受自身的错误，并从中学习，将我们的目光聚焦于如何获胜。

对此前美国职业橄榄球联赛的四分卫弗朗·塔肯顿还有另一种说法："胜利意味着不害怕失败。"

对大多数人来说，他们在财务上不成功是因为对他们而言亏钱所造成的痛苦远远大于致富所带来的乐趣。

在我的生活中，我注意到失败与成功相伴相随。在我学会骑自行车之前，曾经跌倒过许多次。我从未遇见不曾打丢一球的高尔夫球选手，也从未见过不曾伤心过的恋人，更未见过从不亏钱的富人。

因此，对大多数人来说，他们在财务上不成功是因为对他们而言亏钱所造成的痛苦远远大于致富所带来的乐趣。

得克萨斯的另一句谚语讲道："人人都想上天堂，却没有人想死。"大部分人都梦想发财，但却害怕亏钱，所以他们永远也进不了财富的天堂。

富爸爸常常给我和迈克讲他到得州旅行的故事。"如果你真想学习如何面对风险、损失和失败，就去圣安东尼奥市走访阿拉莫。"阿拉莫的故事讲的是，一群勇敢的人在知道毫无胜算的情况下依然选择战斗，他们宁可战死也不愿投降。这是一个值得学习的、振奋人心的故事，然而，这的确是一次悲壮的军事失败。他们最后不得不用枪托进行肉搏。你想知道得克萨斯人是如何面对失败的吗？他们高声呼喊："记住阿拉莫！"

我和迈克多次听到这个故事。每次在做大生意之前或者感到不安的时候，富爸爸就会给我们讲这个故事；当他把一切仔细安排好或者一件事情尘埃落定的时候，他也会讲这个故事；当他担心犯错误或害怕亏钱时，他还会讲这个故事。这个故事给了富爸爸力量，因为它总在提醒他，他可以将财务上的损失变

失败会激励胜利者，击垮失败者。

成赢利。富爸爸知道失败只会使他更强大，更精明。他并不愿意亏钱，但他清楚自己是什么样的人，知道该怎样去面对损失。他接受了损失，然后将它变成赢利，这是他成为赢家而别人沦为失败者的原因所在；同时这也是当别人退出时，他依然有勇气去冲过终点线的原因。"这就是我这么喜欢得克萨斯人的原因，"富爸爸说，"他们接受失败的现实并把它转变成通向成功道路上的一

次次激励。"

今天我对富爸爸的这番话有了更深的体会："得克萨斯人并不掩饰失败，而是愈挫愈奋，他们接受失败的现实并将失败转化为动力。失败激励得克萨斯人走向成功，而这个道理并不仅仅适用于得克萨斯人，它适用于所有的成功人士。"

就像我前面说过的：从自行车上摔下来是学习骑车的一部分。我还记得正是摔下来才使我更坚定地要学会骑车。同样的，我也说过世界上没有从未打失过一球的高尔夫球选手。对职业高尔夫球高手来说，打失一个球或输掉一场比赛只会激励他做得更好，练得更努力，学更多的东西，是失败使他们更加优秀。对于胜利者，失败会激励他们；对于失败者，失败则会击垮他们。

洛克菲勒曾经说过"我志在将每一次灾难转化成机会"。

作为一个日裔美国人，我也可以说这样的话。许多人说珍珠港事件是美国人的失误，我却认为是日本人的最大失误。在电影《虎！虎！虎！》中，一个日本海军上将悲哀地对他的兴高采烈的部下说："我担心我们摇醒了一个沉睡的巨人。"果然，"记住珍珠港"成为一句具有巨大感召力的口号，它把美国历史上最大的失败之一变成了取得胜利的原因，这次巨大的失败给了美国力量，此后美国很快就崛起为一个世界强国。

失败会激励胜利者，击垮失败者。这是胜利者最大的秘密，也是失败者所不知道的秘密。胜利者最大的秘密是失败能够激励他们取胜，所以他们不怕失败。让我们重复一遍弗朗·塔肯顿的话："胜利意味着不害怕失败。"像弗朗·塔肯顿这样的人不害怕失败，因为他们了解自己。他们和所有人一样不喜欢失败，但他们知道，失败会激励他们做得更好。要知道不喜欢失败和害怕失败之间有着巨大的差别，大部分人因为害怕失败而失败，他们甚至会因一幢复式公寓而破产。在财务上他们做得过于安全、规模太小，他们会买大房子、大轿车，却不进行大的投资。90%以上的美国人财务困难的主要原因就在于，他们是为了避免损失而理财，而不是为了赢利而理财。

他们会选择去找财务规划师、会计师和股票经纪人等，购买一个安全的投资组合。他们中的大部人将大量现金以存款单、低收益债券、可以在共同基金内部买卖的共同基金，以及一点股票的形式进行投资。这是一个安全而合理的投资组合，却并不是一个赢利的投资组合。说到底这种投资组合只是人们为避免损失而采取的方式。

对于超过70%的人来说，这可能还算是一个较好的投资组合。毕竟，一个安全的投资组合总比什么都没有强得多。一个安全的投资组合对于注重安全的人来说是很合适的，但是，安全地、平衡地投资于一个投资组合，却不是一个成功的投资者应有的投资方式。如果你的资金很少而又想致富，你必须首先集中于一点，而不是追求平衡。那些成功的投资者，在最初肯定不是追求平衡的，追求平衡的人只会在原地踏步。要进步，你必须先做到不平衡，并注意怎样才能使自己不断进步。

爱迪生不追求平衡，他集中精力于某样东西；比尔·盖茨也不追求平衡；乔治·巴顿从不把坦克部署在很长的战线上，而是集中起来攻击德国防线上最薄弱的地方,与此相反,法国人构筑了漫长的马其诺防线,其结局众所周知。

如果你有致富的愿望,就必须集中精力。别像穷人和中产阶级那样:把很少的鸡蛋放在许多篮子里。把你大部分的鸡蛋放在较少的篮子里,并集中精力:坚持一种投资战略,直至成功。

如果你不愿失败,那就安全地投资;如果损失会使你元气大伤,那就稳妥一点,去做一个"平衡的"投资。你要是已经超过了25岁并害怕冒险,那就不要改变自己的投资方式。以安全的方式投资,但要尽早起步,要早点开始积累你的"鸡蛋",因为以这种方式积累需要大量的时间。

然而,假如你梦想获得自由——从"老鼠赛跑"的游戏中解脱出来,你应该问自己的第一个问题是:"我该如何去面对失败?"如果失败能激励你去争取胜利,也许你就应该去争取每一次投资机会——但仅仅是也许而已;如果失败会使你损失惨重,或者使你烦躁不安——你就像一个愣头青一样,只要不如意就打电话找律师帮你提起诉讼——那你最好还是做稳妥一点的投资。继续你的日常工作,或者购买一些国债和共同基金,但是要记住,这些金融工具也同样有风险,虽然它们看起来较为安全一些。

我说了这么多,还提到了得克萨斯和弗朗·塔肯顿,只是想说明积累资产项其实非常容易,这就像一场低智商的游戏,不需要多高的教育,五年级的数学水平就够了。然而,用资产进行投资却是一种高智商的游戏,需要胆量、耐心和对待失败的良好态度。失败者回避失败,而失败本来是可以使失败者转变为成功者的。所以一定要"记住阿拉莫"。

克服"愤世嫉俗"的心理

"天要塌下来了,天要塌下来了。"很多人都知道"小鸡的故事",小鸡总是围着谷仓转,警告大家即将到来的厄运。我们知道有的人也爱这么做,其实我们每个人的心里也都有一只"小鸡"。

就像我前面指出的,愤世嫉俗的人就像"小鸡"一样,每当心里害怕、怀疑的时候,他们就会像"小鸡"一样杞人忧天。

我们会对自己产生怀疑:"我不够精明""我不够好""谁谁都比我强"等等,怀疑常常使我们寸步难行。我们总是会问自己有关"如果"的问题,例如:"如果经济恰好在我投资之后崩溃怎么办","如果我无法偿还借款怎么办",或者"如果事情不像我想的那样该怎么办"。有时我们的朋友或是亲

20年后的今天

错误是最佳的学习机会

学校不允许我们犯错,并惩罚犯错的学生。在现实世界中,如果承认错误,并总结经验教训,那么犯错是无价的。适当恐惧是好事,但我们不应该生活在对犯错的严重恐惧中。犯错是好事,前提是我们能在每一次失败中吸取教训。

近的人会不由自主地提醒我们有某些缺点,他们常常会说,"你怎么就认为你可以这么做",或者说"如果这是一个好点子,那

其他人怎么不做呢",或者是"这起不了什么作用,你根本不知道自己在说什么"。这些怀疑的话如此刺耳,以至于我们无法将自己的计划付诸行动,害怕的感觉在心中蔓延,有时我们甚至因此夜不能寐。我们无法前进,我们只能守着那些安稳的东西,看着机会从我们身边溜走。我们眼睁睁地看着时光流逝,心中的结使我们碌碌无为。在生活中我们或多或少都会经历这样的状态。

彼得·林奇来自"忠诚马吉兰"共同基金,他把天要塌下来的警告比做"噪音",而我们都听过这样的"噪音"。

"噪音"既有我们头脑中自己产生的,也有来自我们外部的,例如:朋友、家人、同事和新闻媒体。林奇回忆,在20世纪50年代,新闻媒体中充斥着核战争威胁论,人们开始修筑防辐射掩体,储存食物和水。如果他们将资金明智地投在市场上,而不是用来修建防辐射掩体,他们今天可能已经实现财务自由了。

几年前当洛杉矶爆发骚乱时,全国枪支的销售额都上升了。在华盛顿州,有个人因为吃了汉堡包中的生肉死了,于是亚利桑那州的卫生部门命令餐馆将牛肉完全煮熟。一家药品公司在一家全国性的电视台播放了一则广告,说人们患上流感。于是患感冒的人数和感冒药的销售额一起增长。

大部分人之所以贫穷,是因为在他们想要投资的时候,周围到处是跑来跑去的"小鸡",叫嚷着"天要塌下来了,天要塌下来了"。"小鸡"们的说法很有影响力,因为我们每个人的心中也都有一只"小鸡"。因此,我们常常需要极大的勇气,不让谣言和杞人忧天的怀疑加剧我们的恐惧和疑虑。

但是，一位聪明的投资者知道，看似最糟糕的时代实际上却是赚钱的最佳时代。当别人都因为太恐惧而不敢行动时，他们却先发制人，收获回报。

前些时候，我的一个叫理查德的朋友从波士顿来到凤凰城探访我和我妻子，他对我们买卖股票和经营房地产非常感兴趣。当时凤凰城的房地产价格非常低，我们花了两天时间，向他介绍那些在我们看来是获取现金流和资本利得的极好的机会。

我和我妻子并不是房地产中介，我们只是投资者。在调查了一处位于旅游胜地的单元房的情况后，我们给一家房地产中介打电话，当天下午他就将这套单元房卖给了我的朋友。一套两居室的住宅售价仅为4.2万美元，而类似的单元房要卖到6.5万美元。他找到了一笔便宜的买卖，很兴奋地买下来，然后回波士顿去了。

两周后，那家房地产中介打电话给我，说我的朋友反悔了。我立即给他打电话，想弄清楚原因。他说他和他的邻居说了这件事，邻居说这是一笔糟糕的交易，他给的价格太高了。我问理查德，他的邻居是不是一位投资家，理查德说不是。当我问他为什么要听邻居的话时，他略带防备地说他只是想再观望一阵。

凤凰城的房地产市场开始回暖。几年后，那套小单元房的租金每月可达1000美元，冬天最高时达到2500美元。这套单元房的价格为9.5万美元。理查德当时需要投入的全部资金仅为首付5000美元，那样他就可以脱离"老鼠赛跑"的游戏了。而今天，他仍然一事无成。

理查德的反悔并未让我惊讶，这被称为买家违约。这种心理影响着我们所有人。当我们反悔时，"小鸡"得逞了，而我们实现财务自由的机会却丧失了。

在另一个例子中，我通过持有一小部分拥有税收留置权①的资产，来替代大额存单投资。我每年能拿到16%的利息，大大高于银行当年的利率。这种权利受

20年后的今天
利用债务和税法致富

如今有很多人提供理财咨询服务。有的理财师建议人们削减他们的信用卡；有的则主张清空负债。今天，我和金继续遵循富爸爸在利用债务和税法来增加财富这方面的经验。借助财商，你能更好地了解良好的债务和坏账之间的区别，以及利用税法增加自己的财富。

到国家房地产法和州法律的保障，而且这种保障比大多数银行更可靠。这种投资方式十分安全，只是缺乏流动性，所以我把它们看作2~10年期限的大额存单。然而几乎每次当我告诉某人（特别是当他拥有大额存单投资时），我以这种方式持有资金，他们都会告诉我这样做太冒险。他们还会给我分析为什么我不应该那

---

① 所谓留置权是指债权人按照合同约定占有债务人财产，在与该物有牵连关系的债权未受清偿前，有留置该财产并就该财产有限受偿的权利。负有纳税义务的纳税人如有欠缴税款就自动成为政府的债务人，税收留置权随之产生直至他偿清税债为止。

样做，但当我问他们是从哪儿得到这种依据时，他们就会说是来自朋友或投资杂志。他们从未这样投资，却总是劝别人不要这样做。我能接受的最低收益率为16%，可那些疑虑重重的人却愿意接受极低的收益率。怀疑的代价真是太高昂了。

我认为疑虑和愤世嫉俗的心态使大多数人安于贫困。生活等着你去致富，可就是这些疑虑使人们无法摆脱贫穷。正如我曾说的，摆脱"老鼠赛跑"的生活在技术上讲十分容易，不需要接受太多的教育，可那些疑虑使大多数人寸步难行。

"愤世者永远不会成功。"富爸爸说。"未经证实的怀疑和恐惧会使人们成为愤世嫉俗者。愤世者抱怨现实，而成功者分析现实。"这是富爸爸最喜欢说的另一句话。富爸爸解释，抱怨蒙蔽人的头脑，而分析使人心明眼亮。通过分析能使成功者看到那些愤世者无法看到的东西，发现被其他人都忽视的机会，而发现机会的能力正是取得成功的关键。

对每一个寻求财务独立或财务自由的人来说，房地产都是一个强有力的投资工具。甚至可以说是独一无二的投资工具。然而，每当我提到房地产时，经常有人说："我不想去修理厕所。"这就是林奇所说的"噪音"，也是富爸爸所说的愤世者的说法。这种人只会批评和抱怨，而不去分析现实。有些人宁可让疑虑和恐惧蒙蔽自己的思想，也不愿睁开眼睛去分析现实。

因此当某人声称"我不想去修理厕所"时，我都想反击说"你凭什么认为我想去"，他们似乎把修理厕所看得比他们想要的东西更重。我在讨论从"老鼠赛跑"中获得自由，他们却只把注意力放在厕所上，这就是使他们生活贫穷的思维模式。他们总是抱怨而不是去分析。

"'我不想要'是成功的关键。"富爸爸这样说。

正因为我也不想去修理厕所，我才费了很大劲儿找到了一位物业管理者为我修理厕所。找到一位好的物业管理者来为我管理房产，才能够帮助我增加现金流。更重要的是，一位好的物业管理者有助于我去买入更多的房产，因为我不用去考虑修厕所的事了。一位优秀的物业管理者是房地产交易中成功的关键。因此对我来说，寻找一位好的物业管理者比买卖房地产本身更重要。此外，一位好的物业管理者通常会比房地产中介更先打听到大额交易的消息，这就使他们更加重要了。

这就是富爸爸所说的"'我不想要'是成功的关键"这句话的真义所在。因为我也不想去修理厕所，我才想出购买更多的房地产并将自己从"老鼠赛跑"中尽快解脱出来的办法。那些一直说"我不想去修理厕所"的人总是拒绝使用这个强有力的投资工具，修厕所总是比他们的财务自由重要。

在股票市场上，我也经常听到人们说"我不想亏钱"。我不知道是什么让他们认为我或其他投资者喜欢亏钱。他们挣不到钱是因为他们选择不亏钱，他们不去分析实际情况，而只是对另一种强有力的投资工具——股票——不予理睬。

我和一位朋友开车经过邻近地区的一个加油站。我的朋友抬头看了看，发现油价上涨了。我的朋友是那种总是忧心忡忡、"小鸡"式的人，对他来说，天似乎总像是要塌下来了，而且像是要压在他的头上。

当我们到家时，他给我列举了一大堆数据，来说明为什么在未来几年油价会上涨。我以前从未读过这些数据，即使我已经拥有了一家营运中的石油公司的大部分股份。根据这些信息，我立即开始寻找并最终找到了一家新成立的价值被低估的石油公司，这家公司正在勘探新油田，发现这家新公司使我的经纪人非常兴奋。后来我买下了它的65%的股份，共1.5万股。

三个月后，我还是和这位朋友，开车经过同一个加油站。的确没错，每加仑汽油的价格上涨了约15%，这位"小鸡"式的朋友非常担忧并且不停地抱怨。我笑了，因为一个月前，那家小型石油公司找到了石油。自从那次给我分析了那些数据以后，我买下了1.5万股股票，现在每股价格已上涨到3美元以上。如果我朋友的话是正确的，石油价格还会继续上扬。

如果大多数人懂得股票市场上"横盘"（预定低点抛售）是什么意思的话，就会有更多的人为了赢利而投资，而不是为了避免损失而投资。"横盘"好比一个计算机指令，当股价开始下跌时自动卖出股票，帮助你将损失最小化、收益最大化。对于那些害怕受到损失的人来说，这是一项极好的工具。

因此，每当我听到人们执迷于"我不想要"，而不去注意他们想要的东西时，我就知道他们脑子里的"噪音"一定很响。"小鸡"控制了他们的思维，叫喊着"天要塌下来了，厕所坏了"。于是，他们避开了自己的"不想要"，却为此付出了巨大的代价——他们可能永远得不到自己想要的。这些"小鸡"式的人不去分析

255

问题，而是封闭自己的思想。

富爸爸教给我一种看待"小鸡"的方式，"要像桑德斯上校那样去做"。桑德斯上校在66岁时失去了所有的产业，开始靠社会保险金生活，而那点钱根本不够用。于是他走遍全国推销他的炸鸡秘方，在最终有人肯买秘方之前，他被拒绝了1009次。然而通过不懈努力，他在大部分人都退休的年龄成为了千万富翁。"他是一个勇敢、坚韧不拔的人"，富爸爸说的就是肯德基的创始人哈兰·桑德斯上校。

所以，如果你疑虑重重，又有点害怕，不妨像桑德斯上校那样对待自己内心的"小鸡"：油炸它。

克服懒惰

忙碌的人常常是最懒惰的人。也许我们都听说过某个人努力工作挣钱的故事，他拼命工作希望让妻子儿女生活得更好。他整天待在办公室里，周末还把工作带回家去做。一天，他回到家，却发现人去楼空，他的妻子带着孩子离开了他。他早就知道自己和妻子之间有一些问题，可他却宁愿选择工作，而不去改善双方的关系。这件事让他非常沮丧，所以在工作中的表现也不如以前了，最后失去了这份工作。

我经常遇到那些过分忙于工作而不关心自己的财富的人。还有一些人过分地忙于工作而不照顾自己的身体。使这两种人如此忙碌的原因是一样的，他们把忙碌作为逃避问题的借口。没有人告诉他们这些，但他们心里其实很明白。事实上，如果你去提醒他们，他们往往还会很不高兴。

如果他们不忙着工作或是与孩子在一起，就会忙着看电视、钓鱼、打高尔夫球和购物。总之，他们内心很清楚自己是在逃避一些很重要的事情。这是懒惰最普遍的表现形式，一种通过忙碌掩饰下的懒惰。

那么，怎么才能治疗这种惰性呢？答案就是要"贪婪"一点。

对我们许多人来说，我们是在把贪婪或欲望看作是坏事的环境中成长起来的。"贪婪的人都是坏人。"我妈妈常常这样说。

然而，我们的心里都渴望拥有那些美好、新颖和令人兴奋的东西。因此，父母就常常利用负罪感来抑制这种欲望。"你只考虑自己，难道你不知道还有兄弟姐妹吗？"这是我妈妈最爱说的一句话。"你还想我给你买什么？难道你认为我们是摇钱树吗？你认为钱是从树上掉下来的吗？你知道我们不是有钱人"则是我爸爸最常说的话。

话虽不多，但其中的负罪感深深地影响了我。

另外还有一种父母，他们会从相反的方面利用这种负罪感，他们会这样说："我省吃俭用给你买这个，因为我小时候从未得到过它。"我有一个邻居可以说是身无分文，但他的车库里却满是他的孩子的玩具，以至于车都停不进去。父母对于那些被宠坏的孩子有求必应，"我不

富爸爸相信"我可付不起"这句话禁锢了你的思想，使你无法进一步思考。"我怎样才能付得起"这句话则开启了你的头脑，迫使你去思考并寻求答案。

想让他们尝到贫穷的滋味"是他每天都要说的话。他没有为孩子上大学或自己退休留下一点积蓄,可他的孩子却拥有所有的新玩具。最近银行刚给他邮了一张信用卡,就带上孩子去拉斯维加斯玩了。"我这么做全是为了孩子。"临走时他带着自我牺牲的骄傲神情对我说。

富爸爸禁止我们说"我可付不起"这类的话。在我自己的家里,这可是我经常听到的。但富爸爸要求他的孩子们这样说:"我怎样才能付得起?"他相信:"我可付不起"这句话禁锢了你的思想,使你无法进一步思考。"我怎样才能付得起"这句话则开启了你的头脑,迫使你去思考并寻求答案。

但最重要的是,他觉得"我可付不起"是一句谎言,他坚信人的精神能够做到一切。"人类的精神力量非常非常强大",他常说,"它知道你能做成任何事。"当你的头脑中那个懒惰的思想说"我可付不起"时,两种思想的交锋就开始了。你的精神愤怒了,而你的懒惰的思想却开始为自己辩护。你的精神大叫:"来吧,让我们去健身房锻炼。"而懒惰的思想会说:"可我太累了,我今天工作真的很辛苦。"你的精神会说:"我厌倦了贫穷的生活,让我们脱离这种命运致富吧。"懒惰的思想则会说:"富人很贪婪,而且致富太麻烦了。这不安全,我可能会亏钱。我要努力工作。我还有许多工作要做。看看我今晚必须做的事情,我的老板希望我明早之前干完这些。"

"我可付不起"带来的悲哀和无助感会使人们失望、迟钝以至意志消沉。"我怎样才能付得起"则打开了充满可能性的快乐和梦想之门。"因此，富爸爸并不关心我们想买什么，他只想通过促使我们不断思索"我怎样才能付得起"来创造一种更强有力的思想和更有活力的精神。

所以，他很少给我和迈克买东西，相反，他会问："你怎样才能买得起这个？"于是包括上大学的学费，都是我们自己挣钱支付的。他希望我们学习的并不是目标本身，而是达到目标的过程。

我认为，今天的问题是成千上万的人对自己的"欲望"或"贪婪"感到内疚，这是他们在少年时代就养成的陈旧思维。他们渴望拥有生活中那些更美好的东西，但大部分人却下意识地调整了自己的心态，并对自己说"我不能拥有这个"，或是"我可付不起"。

当我决定跳出"老鼠赛跑圈"时，我不得不面对这样一个问题："我该如何承担不再工作的代价？然后，各种各样的答案和解决方法开始出现在我的脑袋里。最艰难的部分就是和我亲生父母的教理的展开的对抗："我们负担不起。""不要只为自己考虑。""为什么不为其他人想想？"，他们还会想出其他类似的意见来抑制我"自私"的行为，让我充满负罪感。

那么，你怎样才能克服懒惰的心理呢？答案是多一点"贪婪"。记得有家电台的频率是 WII-FM，它可以被解释成"我还能得到什么"（What's In It For Me）。人们需要坐下来问问自己："如果我不再工作，我的生活会是什么样？"又或："如果我拥有足够的钱，我会做什么？"没有一点"贪婪"，没有想拥有更好的东西的渴望，就不会前进。世界之所以发展是因为我们都渴望生活得更好，新发明的诞生是因为我们渴望更好的东西，我们努力学习也是因为我们想要了解更好的东西。因此，每当你发现自己在逃避你内心清楚应该去做的事情时，就应该问问自己："我还能得到什么？"稍稍"贪婪"一点，这是治愈懒惰的灵丹妙药。

当然，就像任何事情都要有"度"一样，过于贪婪就不好了。但要记住迈克尔·道格拉斯在电影《华尔街》中说的话："欲望是好事。"富爸爸用另一种方式进行解释："负罪感比欲望要糟，因为负罪感抢走了灵魂。"对我来说，埃莉诺·罗斯福说的最好："做你内心认为正确的事情，因为你不管怎么做总会受到批评。如果你做，会受到指责；而你不做，还是会受到指责。"

克服不良习惯

我们的生活更多地反映了我们的习惯而不是我们所受到的教育。上学时在看过明星阿诺德·施瓦辛格主演的电影《野蛮人科南》之后，一个朋友说："我想拥有像施瓦辛格那样的身材。"大部分男生都点头同意。

"但我听说他曾经很瘦弱。"另一个朋友补充说。

"是的，我也听说过，"另一位说道，"听说他几乎每天都泡在健身房里。"

"没错,我敢打赌他不得不这样。"

"不是的,"我们一伙人里总是好讽刺挖苦的那个人说,"我肯定他天生如此。算了吧,咱们别再谈论他了,去喝点啤酒吧。"

这是习惯控制行为的一个例子。我记得曾经问过富爸爸富人有什么习惯,他没有直接回答我,像往常一样他希望我从实例中学习。

"你爸爸什么时候支付账单?"富爸爸问道。

"月初。"我说。

"支付完账单之后他还有余钱吗?"他问。

"非常少。"我回答。

"这就是他苦苦挣扎的主要原因,"富爸爸说,"他有一些坏习惯。你爸爸总是先支付给其他人,最后才支付给自己,而且这还得看他有无余钱。"

"他也并不是常没有余钱。"我说,"但他要按时支付账单,不是吗?难道你是说他不应该支付账单吗?"

"当然不是,"富爸爸说,"我坚信应该按时支付账单,只是我会先付给自己,再用剩余的钱给别人甚至政府。"

"但是如果你没有足够的钱,"我问,"又怎么办呢?"

"还是一样,"富爸爸说,"我仍然先支付给自己,即使我缺钱。因为对我来说,我的资产项比政府重要得多。"

"可是,"我说,"他们不会来找你要债吗?"

"会的,如果你不支付的话,"富爸爸说,"但是你看,我并没有说不支付。我只是说首先支付给自己，即便是我缺钱。"

"但是，"我又问，"你是怎么做的呢？"

"不是怎么做，而是为什么要这么做。"富爸爸说。

"那好，为什么？"

"这是动力问题，"富爸爸说，"如果我不支付给自己或是不支付给我的债主，你认为谁的抱怨声会更大些？"

"当然是你的债主会比你叫得响。"我说，这是显而易见的，"如果你不支付给自己的话，我想你也不会说什么。"

"所以你看，在我把仅有的钱先支付给自己后，要支付税款和其他债主的压力就会变得非常大，迫使我去寻求其他形式的收入，支付的压力就会成为我的动力。我会干额外的工作，开其他的公司，投资股票市场以及去做任何可以使那些人不再向我叫嚷的事。压力迫使我努力工作，迫使我去思考，最重要的是迫使我在钱的问题上更精明、更积极主动。如果我像你爸爸一样最后支付给自己，我虽然不会感到任何压力，但一定会因此破产。"

"你是说因为你欠了政府和其他人的债，所以受到了激励？"

> 如果我学会先支付给自己，就会在财务上更"强壮"，应该是在精神上和财务上都更加"强壮"。

"对，"富爸爸说，"你看，政府的征税部门和其他债主都有权有势，大部分人会屈服于这种威势，所以他们总是先支付这些账单而不去支付给自己。你听说过瘦弱的人被人把沙子踢到脸上的故事吧？"

我点了点头，"我在连环画里的举重和塑身广告里总是能看到这样的画面。"

"是的，大部分人让那些债主把沙子踢到脸上，而我决定利用对债主的恐惧使自己变得更加强壮。与此同时，其他人变得软弱可欺。我强迫自己考虑如何挣到额外的钱，就好比我去健身房做负重练习，我精神上的'金钱肌肉'越发达，我就越强大。现在，我不再害怕那些人了。"

我喜欢富爸爸的这句话。"所以，如果我也学会先支付给自己，就会在财务上更'强壮'，噢，应该是在精神上和财务上都更加'强壮'。"

富爸爸点了点头。

"而如果我最后支付给自己，或根本就不支付，我就会变得越来越'虚弱'，那么我一生都会围着老板、经理、税务官员、收账员和土地主们转，这仅仅是因为我没有良好的理财习惯。"

富爸爸点头称是，"就像故事里那个瘦弱的人一样。"

克服自负

"我知道的东西给我带来金钱，我不知道的东西使我失去金钱。因为每当我自高自大时，我就认为我不知道的东西并不重要。"富爸爸经常这样告诉我。

我发现许多人试图用傲慢来掩饰无知，当我同会计甚至是其他投资者讨论财务报告时，也经常会发生这样的事。

他们试图用自吹自擂来赢得争论，而我很清楚，这是因为他们根本不知道自己在说些什么。他们并没有撒谎，只是没有讲出真相。

在金钱、财务和投资领域，有许多人完全不知道自己在谈论什么。财经领域的大部分人只不过像二手车推销员似的一心想兜售产品而已。如果你知道自己在某一问题上有所欠缺，你就应该找一位本领域的专家或是一本相关的书，马上开始教育自己。

讨论学习环节
第七章
克服困难

Rich Dad, Poor Dad

第七章
克服困难

本章小结

但掌握财务知识的人有时候还是不能积累丰厚的资产项，其主要原因有5个：(1) 恐惧；(2) 愤世嫉俗；(3) 懒惰；(4) 不良习惯；(5) 自负。让我们来详细分析每种情况。

克服恐惧

没有人喜欢赔钱。唯一没有出现过投资亏损的人，是那些未做过任何投资的人。

人人都怕赔钱；不同之处在于你如何处理恐惧和亏钱。富人和穷人之间的主要差别在于他们处理恐惧心理的方式不同。

感到恐惧是正常的。克服恐惧的一个方法是尽早开始积累资产，让复利为你服务。从20岁开始储蓄与从30岁开始储蓄的人之间的确有巨大的差异。

可是，如果你没有足够的时间或是希望早点退休，又该怎么办呢？

富爸爸建议要像得克萨斯人那样思考：如果得克萨斯人赢了，他们就会赢很多；如果他们输了，也会输得令人吃惊。这是他们对风险、收益和失败的态度。得克萨斯人赢了会骄傲，输了也不忘吹牛。

在罗伯特的生活中,他注意到失败与成功相伴相随。他从未遇见过一个没亏过钱的富人。但是他们并不会让这种恐惧把他们赶出这场博弈。

阿拉莫之战是一场悲壮的军事失败,但得克萨斯人已经把它变成了一个振奋人心的怒吼"记住阿拉莫!",以刺激他们取得伟大的胜利。

就像得克萨斯人一样,不要埋葬你的损失,而要从中受到启发。

对于胜利者,失败会激励他们;对于失败者,失败则会击垮他们。用洛克菲勒的话来说,就是"我志在将每一次灾难转化成机会"。

即便是珍珠港事件,也从美国最大的损失之一变为推动其成为世界大国的动力。

获胜者知道失败能够激励他们获得胜利——所以他们不害怕失败,他们还知道什么时候失败可以产生伟大。要知道不喜欢失败和害怕失败之间有着天壤之别。

大多数人在投资理财时采取防御策略,然而他们真正需要的却是积极取胜策略。这就是为什么会有那么多人在经济上挣扎。他们可能有一个安全、明智且平衡的投资组合,但它却不是一个必胜的投资组合。它们仅仅是一个防御策略。

安全、平衡的投资组合并不是一件坏事。但这不会帮助你成为大赢家。因为这不是成功投资者应有的投资方式。在投资时,你必须打破平衡,有所侧重,而且要集中精力。把你的鸡蛋放在几个篮子里,并时刻关注它们。

积累资产其实非常容易，不需要数学学的多好，但却需要胆量、耐心和对待失败的良好态度。

克服愤世嫉俗

无论是来自生活中我们的自我怀疑还是其他人的怀疑，通常我们允许怀疑——毕竟怀疑使我们保持警惕状态。怀疑和恐惧使我们采取保守策略，所以我们总是与机会失之交臂。

通常情况下，我们需要付出很大的勇气以阻止杞人忧天的怀疑加剧我们的疑虑和恐惧。但是，一个精明的投资者知道，看起来最糟糕的时期实际上正是赚钱的最佳时机。当其他人都害怕采取行动时，精明的投资者却开始行动并获得回报。

罗伯特分享了一个发生在他朋友身上的例子。这个朋友将要买一处价格昂贵的投资公寓，但却在最后一分钟时放弃了，因为他的邻居——并不是投资者——告诉他，这个交易不划算。如果当时他坚持下去，那么他的投资将增加一倍，并已跳出"老鼠赛跑圈"了。

罗伯特通过持有一小部分拥有税收留置权的资产来代替大额存单投资。其他人建议他不应该这样做，而且他们的怀疑都来自同样的理由——因为他们从来没有这么操作过。他们只是告诉正在试图做这件事的某人他们不这样做的原因。罗伯特投资时期望的最低收益率为16%，但持怀疑态度的人却能接受更低的回报。怀疑的代价真是太高昂了。

疑虑和愤世嫉俗的心态使大多数人安于贫困。富爸爸喜欢说，"愤世者抱怨现实，而成功者分析现实。"成功者关注机会并抓住其他人错过的机会。

对每一个寻求财务独立或财务自由的人来说，房地产都是一个强有力的投资工具。甚至可以说是独一无二的投资工具。然而，每当罗伯特提到房地产时，他却经常听到："我不想去修理厕所。"这些人却只把注意力放在厕所上，这就是使他们生活贫穷的思维模式。

许多人未涉足股市，因为他们不想亏钱。他们不去分析实际情况，而只是对股票这种强有力的投资工具不予理睬，所以他们也赚不到钱。

克服懒惰

懒惰最常见的形式之一是忙碌掩饰之下的懒惰。这种人太忙了，以至于没有时间管理他们的财富，他们的健康或他们的社会关系。

那么，该如何治疗这种懒惰呢？答案是"贪婪一点儿"。你也许对这个回答感到惊讶，因为我们大多数从始至终认为贪婪或有欲望是件坏事。

如何将想法从"我可付不起"转变成"我怎样才付得起？""我怎样才能付得起"这种思维会开启你的头脑，迫使你去思考并寻求答案。

"我可付不起"简直就是一句谎言，我们坚信人类的精神力量非常强大，它能帮助你做成任何事。当你的头脑中那个懒惰的思想说"我可付不起"时，你的精神愤怒了，两种思想的交锋就开始了。

当罗伯特决定跳出"老鼠赛跑圈"时，他问道："如果我不再工作，我的生活会是什么样？"他的脑海里开始迸发出解决方案，但最难的是如何打破思维定式，抛弃旧有教条，因为它试图向你灌输内疚感，以抑制你的这种"贪婪"。

不多一点点"贪婪"，也消灭拥有更好的东西的渴望，人类怎么进步呢？世界之所以向前发展，是因为我们都渴望生活得更好，新发明的诞生是因为我们渴望拥有更好的东西，我们努力学习也是因为我们想要得到更好的东西。

太多的贪心不是一件好事，但是一点点贪心可以刺激你不断前行。

克服坏习惯

要想获得成功，你必须养成良好的习惯。穷爸爸总是先支付他人，最后才支付自己，通常在他支付完账单以后也剩不下什么钱来支付自己了。富爸爸总是先支付自己，即使他缺钱。

他知道如果他没有钱可以支付他人，那么债权人和政府会给他造成更大的恐慌，而这能激励他寻求其他形式的收入来支付他人。如果他把自己的部分留到最后支付，那么他就不会有这种压力。强迫自己考虑如何获取额外的收入来支付债权人，这使他在财政上更加"强壮"。

克服骄傲

富爸爸说每当我犯了骄傲自大的毛病时，我就认为我不知道的东西并不重要。

许多人用傲慢来掩饰无知。罗伯特在与会计师以及其他投资者讨论时发现，他们试图用自吹自擂来赢得争论，并且很明显他们根本不知道自己在说些什么。

如果你通过在专业领域找到一个专家来教育自己，从而对自己的无知做出改进，那么无知并不是一件坏事。

> **左脑时刻**：选择学会分析现实，而不是只会批评。愤世嫉俗者喜欢批评，但获胜者却常常分析并抓住其他人错过的、忽视的机会。
>
> **右脑时刻**：用好的新习惯来克服旧的坏习惯，比如先支付自己，而不是最后才支付自己。
>
> **潜意识时刻**：对失败的恐惧使太多的人退出博弈。相反，利用失败，将其作为激励以取得成功，正如得克萨斯人对待"阿拉莫之战"那样。

罗伯特说了什么

现在是开始反思的时间。问问自己："罗伯特在这段引述里说了什么？""他为什么会那样说？"在这个环节，无论你对罗伯特的那些说法是否赞成，只需理解他所说的内容即可。

切记，这个模块的设计是为了凸显讨论与合作的重要性。毕竟两个人的智慧大过一个人的智慧。如果你不理解罗伯特所说的内容，请不要害羞和回避。你可以向他人请教。花点时间讨论一下他的每段引述，直到你真的理解了。

富人和穷人之间最主要的区别在于他们处理恐惧的方式不同。

我从未遇见不曾打丢一球的高尔夫球选手，也从未见过不曾伤心过的恋人，更未见过从不亏钱的富人。

对大多数人来说，他们在财务上不成功是因为对他们而言亏钱所造成的痛苦远远大于致富所带来的乐趣。

富爸爸知道失败只会使他更强大，更精明。他并不愿意亏钱，但他清楚自己是什么样的人，知道该怎样去面对损失。他接受了损失，然后将它变成赢利。

得克萨斯人并不掩饰失败，而是愈挫愈奋，他们接受失败的现实并将失败转化为动力。

摆脱"老鼠赛跑"式的生活在技术上讲十分容易，不需要接受太多的教育，可那些疑虑却使大多数人寸步难行。

愤世嫉俗者就像"小鸡"一样，每当心里害怕、怀疑的时候，他们就会像"小鸡"一样杞人忧天。

"我可付不起"带来的悲哀和无助感会使人们失望、迟钝以至意志消沉。"我怎样才能付得起"则打开了充满可能性的快乐和梦想之门。

如果我也学会先支付给自己，那我就会在财务上更"强壮"。应该在精神上和财务上都更"强壮"。

在金钱、财务和投资领域，有许多人完全不知道自己在谈论什么。

附加问题

现在是时候将这一章的故事和你对罗伯特的话的理解运用到自己的生活中去了。问问自己下面这些问题，并和自己的学习伙伴讨论。一定要对自己和你的学习伙伴诚实。如果你不喜欢自己给出的答案，问问自己是否愿意改变或者接受改变自己想法和心态的挑战：

1. 你经历过对生命中失败的恐惧吗？你能够征服那种恐惧吗？你该怎么做？

2. 富爸爸建议我们采取得克萨斯人的态度：如果得克萨斯人赢了，他们就会赢很多；如果他们输了，也会输得令人吃惊——接受失败的现实并将其转化为前进的动力。如果要你采取这种态度，你面临最大的挑战是什么？它会激怒你还是吓到你？

3. 你如何处理生活中那些试图阻止你冒险而你认为有机会获胜的愤世嫉俗者？

4. 你是否因为"我不想要……"而放弃某些投资方式（比如我不投资房地产，因为我不想修理厕所）？下一次你会对此如何作不同的反应？

5. 你是否同意"贪婪一点儿是治疗懒惰的方法"这一说法？请说明同意或者不同意的理由。

6. 在你的生活中，贪婪或欲望是如何激励你的？

7. 你是先支付自己还是先支付他人？如果你通常最后支付自己，你应该采取什么步骤来做出改变呢？

8. 自负曾使你错失过机会吗？你从中学到了哪些经验和教训？

9. 你不知晓的财务知识有哪些？你打算寻求哪些资源来提升自己这方面的知识？

术语解析

止损：止损只是一个计算机指令，如果股票价格开始下降，交易系统将自动出售你的股票，这有助于最大限度地减少损失并最大限度地提高投资收益。

读书笔记

第八章

开始行动

> 金矿到处都是,但大部分人没有经过相应的培训,所以发现不了它们。

我希望我可以说致富很容易,但事实并非如此。

所以,当我被问到"应该怎样开始致富"这类问题时,我就以自己日常的思维方式作答。我敢保证找到好生意的机会真的很容易,这就像骑自行车,刚开始还摇摇晃晃,但很快就驾轻就熟了。赚钱也是一样,最初的难关得由你自己渡过。

但是要找到一桩价值数百万美元的"关系一生的机会",就需要唤醒我们的理财天赋了。我相信,我们每个人都拥有理财天赋,问题是,这种理财天赋一直处于休眠状态,等待有人将它唤醒。之所以会出现这种情况,是因为我们的文化一直教导我们金钱是万恶之源,这种观念促使我们学习某种技能,并为金钱而工作,却没能教会我们如何让金钱来为我们工作。我们被告知不必去担心将来的理财状况，因为我们退休后公司或者政府会照顾我们。然而，我们的孩子们还是在与以前一样的教育体制下受教育，因为财商教育的缺失，他们为此付出的代价可能是，政府无力支付他们老年后的基本养老账单。所以，他们的信条仍然是努力工作、挣钱维生、缺钱时总能借到钱。

不幸的是，90%的西方人认同这个信条，这是因为他们相信通过找工作来挣钱要更容易一些。如果你不属于那90%，我向你建议采取10个步骤来唤醒你的理财天赋，我就是一直按这些步骤做的。如果你想遵循这些步骤，那好极了。如果你不想遵循，那就按你自己的方式来做，你的理财天赋足以让你无师自通。

在秘鲁，我问一位工作了45年的金矿工人，为什么他对找新的金矿充满信心。他回答说："金矿到处都是，但大部分人没有经过相应的培训，所以发现不了它们。"

我认为这话是正确的。对于房地产项目，我出去跑一天就能发现四五桩潜在的生意，而一般人出去可能会空手而归，即使我们去的是同一个地区。这是因为他们没有花时间来开发自己的理财天赋。

我建议你采取以下10个步骤来开发上帝赐予你的才能，这种才能只有你才可以控制：

1. 找一个超现实的理由——精神的力量

如果你问别人是否愿意致富或者获得财务自由，大部分人都会说"愿意"。可是一想到现实，致富之路似乎就变得崎岖而漫长了，相比之下，为了钱工作并把剩余的钱托付给经纪人似乎更容易一些。

我曾经遇到一位梦想代表美国参加奥运会的女运动员。为此，她每天早上4点起床，游3个小时泳，然后去上学。周末她也不参加朋友们的聚会。她必须复习功课，保持学习进度以跟上其他同学。

当我问她是什么力量激励她拥有超人的雄心壮志和牺牲精神时，她只是回答："我这样做是为了自己和我所爱的人，是爱的力量使我克服重重困难、甘于牺牲。"

这个原因或目标，是"想要"和"不想要"的结合体。当人们问我为什么想致富时，我就说这是内心深处"想要"和"不想要"的结合体。

我可以首先举一些由"不想要"促成"想要"的例子。我不想将一生都耗在工作上；我不想要父辈们渴望的那些东西，如稳定的工作和一套郊区的房子；我不想做一个打工仔；我讨厌我爸爸因为忙于工作而总是错过我的橄榄球比赛；我讨厌我爸爸终身努力工作，但在他去世时却失去了他几乎所有的东西，他甚至不能把自己辛苦一生的所得留给孩子。而富人不会那样做，他们会努力工作，然后将工作成果留给孩子们。

其次是"想要"。我想自由自在地周游世界，我想以自己喜欢的方式生活，我想在年轻的时候就能做到这些，我想自由支配自己的时间和生活，我想要金钱为我工作。

这些就是我发自内心深处的精神动力。你的动力是什么呢？如果促使你前进的动力不够强大，那么前行道路上的严酷现实就会使你退缩。我曾失败过很多次，但就是这种深层的精神动力使我爬起来继续前进。我想在40岁时就实现财务自由，但是一直到47岁，在我经历了许多磨炼之后才真正实现了目标。

谈到这一点时，我希望能说这是很容易办到的，但事实并非如此，可也不是很难做到。没有强有力的理由和目标，任何事都会变得非常困难。

如果你没有一个强有力的理由，就无需再读下去了，因为这看起来是一项很艰巨的工作。

2. 每天做出选择——选择的力量

这是人们希望生活在一个自由国度的主要原因。我们需要有选择的权力。

从理财的角度来说，我们每挣到一美元，就得到了一次选择自己是成为富人、穷人还是中产阶级的机会。我们花钱的习惯反映了我们是什么样的人，穷人之所以贫穷是因为他们有着不良的消费习惯。

我还是一个孩子时可以一直玩"大富翁"游戏。因为没有谁跟我说过"大富翁"只有孩子才能玩，所以成年后我仍然喜欢这个游戏。富爸爸曾经向我指出资产和负债的区别，所以当我还是一个孩子时，我就选择要成为富人，而且知道自己要做的就是不断获取资产——真正的资产。我最好的朋友迈克接管了富爸爸的资产，但他必须学会对资产进行管理。许多富裕的家庭之所以"富不过三代"，就是因为他们没有培养出一个在行的人来管理资产。

大部分人不会选择成为富人，对于90%的人来说，做富人有

"太多烦扰",所以他们就说"我对金钱不感兴趣",或是"我不想成为富人",抑或"我并不担心,我还年轻","等我开始挣钱时,再考虑将来",或者"我爱人掌握财权",等等。这些说法存在着一个共同的问题,就是它们阻碍人们去思考这样两件事情:第一是时间,这是你最珍贵的资产;第二是学习,正因为你没有钱,就更要去学习。事实上我们每天都应该做出一个选择,这个选择是我们利用自己的时间、金钱和头脑里学到的东西做出的。这就是选择的力量。我们都有机会。我选择成为富人,每天都在为此而努力。

首先投资于教育。实际上,你所拥有的唯一真正的资产就是你的头脑,这是我们能控制的最强有力的工具。就像我刚才说的人们都有选择的力量,当我们逐渐长大时,每个人都要选择要学习什么样的知识。你可以听音乐看电视,也可以阅读高尔夫球杂志、上陶艺班或是理财规划培训班,这些你都可以进行选择。在投资方面,大部分人选择的是直接去投资,而不是首先投资于学习如何投资。

最近我一个朋友的公寓失窃了,小偷偷走了一些电器,却留下了所有的书。我们也会做出类似的选择,90%的人会购买电视机,只有大约10%的人才会购买商业方面的书。

那么,我是怎么做的呢?我去参加研讨会。我喜欢那种为期至少两天的研讨会,因为这样我能静下心来研究某一专题。1973年,我在电视上看到有人做广告,举办一个为期3天的研讨班,讨论如何不支付首付就能购买房地产。这个研讨班只花了我385美元,却帮助我挣回至少200万美元。更重要的是,它为我创造了新的生活,正是这一课程使我在以后的岁月里不必再辛苦工作。我每年至少要参加两次这样的课程。

我喜欢光盘和有声读物,因为我可以很轻松地回顾我所听过的内容。我曾经听过某位投资大师的音频,里面有一段话我完全不同意。但是,我并没有妄自尊大,而是把这段5分钟的录音重新听了至少20遍,也许还不止。忽然之间,我豁然开朗,懂得了他说的意思。这简直就像变魔术一样,我感到如同打开了一扇思想之窗,通向我们这个时代最伟大的投资家之一。由此我得以深刻认识和理解他那博大精深的学识和经验,并获得了巨大的教益。

最终的结果是:我仍然保留了自己习惯的思考方式,同时又学到了分析同一问题或趋势的思考方式。我拥有了两个思路,能够用多个思路来分析某个问题或趋势,实在难能可贵。今天我常常会问自己,"这件事巴菲特会怎么做?或者彼得·林奇又会怎么做?"我得以进入他们深邃思想的唯一途径就是谦虚地阅读或倾听他们说过的话。骄傲自大或吹毛求疵的人往往是缺乏自信而不敢冒险的人。原因在于,如果想学习某些新东西,那你就要犯些错误,只有这样才能充分理解你所学习的知识。

如果你能读到这里,你就不存在傲慢的问题,因为傲慢的人很少读书或听从专家的建议。他们何必读书呢?他们认为自己就是宇宙的中心。

当某种新思想与旧有的思维方式发生冲突时,许多所谓的聪明人会本能地为自己辩护。在这种情况下,他们的"聪明"和"傲慢"结合在一起就等于"无知"。我们都知道有许多受过高等教育的人,或是自认为很聪明的人,他们的资产负债表却一塌糊涂。一个真正聪明的人总是欢迎新思想,因为新思想能使他的思想库更加丰富。听比说更重要,否则,上帝就不会给我们两只耳朵一张嘴巴了。有太多的人爱说不爱听,这就放弃了吸收更多新思想和可能性的机会,他们爱争论而不是提问题。

我以长远的眼光看待我的财富,我并不同意那些买彩票或赌博的人"快速致富"的观念。我也会做短期股票投资,但从长远考虑,我更重视教育。如果你想驾驶飞机,我建议你先去上课。有的人投资股票或房地产,却从不投资于他们最重要的资产——头脑,对此我常常感到震惊。你买卖过一两套房产并不能说明你就是房地产方面的专家。

3. 慎重地选择朋友——关系的力量

首先,我不会把理财状况作为挑选朋友的标准。我既有穷困潦倒的朋友,也有每年都有数百万美元进账的朋友,因为我相信"三人行,必有我师"。

但我要承认我确实会特意交一些有钱的朋友,我的目标不是他们的钱财,而是他们得以致富的知识。有时,这些有钱人会成为我的亲密朋友。

我会注意我有钱的朋友是如何谈论金钱的。他们不会夸夸其谈,他们只是对这个话题感兴趣。这样,我通过交谈向他们学习,他们也向我学习。我的另一些朋友经济上很困难,他们不爱谈论金钱、生意或投资，他们认为这既粗俗又不明智。但我也能从他们那里学到许多知识，我会知道什么东西不可以去做。

我有几个朋友，他们在不长的时间里获得了数十亿美元的财富。他们中有3个人和我谈到过同样的现象：他们那些没钱的朋友从不问他们是怎样赚到钱的，而总是向他们要求这两种东西：一是贷款，二是工作。

注意：不要听贫穷的或是胆小的人的话。我有这样的朋友，我也非常喜欢他们，但他们过的是"小鸡"式的生活。一旦涉及金钱，特别是投资时，"天就要塌下来了"，他们总会告诉你一件事为什么不可行。问题是如果听了他们的话，盲目地接受这种杞人忧天的信息，你最终也会成为"小鸡"式的人。就像一句古老的谚语所说的："物以类聚，人以群分。"

当你在电视上收看一些财经节目时，通常会见到一帮所谓的"专家"。一位专家说市场正在走向衰退，另一位却声称市场正在趋于繁荣。如果你很精明，两方的话你都要听。保持一种开放的心态，因为两种说法都有合理的地方。不幸的是，大部分穷人都只听从"小鸡"式的观点。

我有许多亲密的朋友劝我不要去做某一项交易或投资。不久前，一位朋友告诉我，他非常高兴，因为他发现了一份大额存单利率可达6%，我告诉他我从州政府获得的投资回报是16%。第二天，他递给我一篇文章分析了为什么我的投资是危险的。这么多年过去了，我每年的投资回报一直是16%，而他却依然只得到6%。

　　我想说，在积累财富的过程中，最困难的事情莫过于坚持自己的选择而不盲目从众。因为在竞争激烈的市场上，群体往往会反应迟钝，成为被"宰割"的对象。如果一项大宗交易被列在投资杂志的首页，在多数情况下你此刻去投资恐怕为时已晚，这时你应该去寻找新的机会。就像冲浪者经常说的那样："总会有新的浪头过来。"人们总是匆匆忙忙去赶那已经过去的浪头，往往又会被新的浪头淘汰出局。

　　精明的投资者不会抱怨市场时机不对，如果错过了这个"浪头"，他们就会去寻找下一个，并且在其中找到自己的位置。对大多数投资者来说，做到这一点之所以非常困难，是因为一旦他们买入的东西不被大家看好，他们就会感到害怕。胆小的投资者总是亦步亦趋地跟在众人后面，当欲望驱使他们终于冒险投资时，精明的投资者早就已经获利退出了。明智的投资者往往会购买一项不被大众看好的投资，他们懂得利润在购买时就已确定，而不是在出售时获得的，他们会耐心地等待投资的增值。正如我所说的，他们并不计较市场时机，他们就像冲浪者，时刻等待着下一个大浪来将自己高高托起。

　　到处都有"内线人员交易"[①]。有些形式的内线人员交易是非法的，而有些形式的内线人员交易是合法的。但不管怎样，它们

---

　　① 内线人员交易是指任何对公司或股票持有人负有信托义务，而且掌握了非公开内线消息的人，通过掌握的信息进行交易。

都属于内线人员交易。唯一的区别在于你离内部到底有多近。你要去结交有钱的朋友，因为他们更加接近内部，而钱就是由"内线信息"挣来的。这样你就能在市场繁荣之前买进，在危机之前卖出。我不是要你去做非法的事，但是，你越早得到信息，获利的机会就越大，风险也会越小，这就是朋友的作用。这也是一种财商。

4. 掌握一种模式，然后再学习一种新的模式——快速学习的力量

面包师要按照一定的配方做面包，即使配方只是记在脑子里。挣钱也是一样的道理。

我们大都听说过这样一句谚语："你爱吃什么，你就是什么样的人。"我有一句意义相近但说法不同的话："你学习什么，就会成为什么样的人。"也就是说，你得注意你要学习的内容，因为你的精神力量非常强大，你学到了什么，就会成为什么样的人。例如，如果你学习烹饪，你就会经常做菜。如果你不想再做厨师，那你就要学习其他的东西。

在钱的问题上，大多数人一般只知道一个基本的挣钱模式，这个模式是他们从学校学来的，就是为金钱工作。在我看来，这是一个统治着全世界的模式：每天千百万人起床、上班、挣钱、支付账单、平衡支票簿、购买共同基金，然后再去工作。这是一个基本的模式或配方。

如果你对自己所做的工作感到厌倦或是你挣的钱不够多，那么很简单，改变你的挣钱模式吧。

多年以前，我26岁，参加了一个周末研讨班，内容是"如何购买破产的房地产"。在那里我学到了一个模式，接下来我就试着付诸实践，而这一步正是许多人没能做到的。在为施乐公司工作的3年中，我用业余时间学习并掌握了购买破产的财产的技巧，运用这个模式，我赚取了数百万美元。

因此，我又开始寻找其他的模式。我参加过很多短期的研讨班，或许我并没有使用过学到的知识，但我还是开阔了视野。

我曾经参加过专门为金融衍生产品交易商举办的辅导班，也参加过为商品期权交易商举办的辅导班和为初学者举办的学习班。我还离开自己的职业领域，与许多核物理学和空间科学方面的博士一起讨论问题。我从中学到的东西使我的股票和房地产投资更加可靠、更加赚钱。

大部分高等专科学校和社区大学都开有理财规划和传统投资方面的辅导班，这些都是非常好的理财启蒙的地方。

我总是在寻找赚钱更迅速的模式，所以，在条件差不多的情况下，我一天挣的钱比许多人一生当中挣的钱还要多。

我这里要补充说一句，在今天这个快速变化的社会中，你学到的东西再多都不算多，因为当你学到时往往就已经过时了。问题在于你学得有多快，这种技能是无价之宝。如果你想赚钱，寻找一条捷径是非常关键的。为金钱工作是人类在穴居时代产生的模式，它早已过时了。

5. 首先支付自己——自律的力量

如果你控制不了自己，就别想着致富。首先你可能想加入海军特种部队或宗教团体，以此来约束自己，但我相信这样做对于投资、挣钱和花钱来说毫无意义。正是因为缺乏自律，大部分中彩票大奖的人在获得数百万美元后很快就破产了。也正是由于缺乏自律，人们才会在加薪后立即去买新车或乘游轮旅行。

很难说这10个步骤中哪一个最重要，不过对于所有这些步骤来说，这个步骤最难掌握，如果它不是你习惯去做的事情就更是如此。我要冒昧说一句：能否自律是将富人、穷人和中产阶级区分开来的首要因素。

简单地说，那些不太自信、对理财压力承受力差的人永远不会成为富人。正如我说过的那样，我从富爸爸那里学到了一条经验——生活推着你转。生活之所以能推着你转，不是因为生活的力量很强大，而是因为你缺乏自律。那些不够坚毅的人往往会成为那些自律性很强的人的手下败将。

在我教过的企业家培训班中，我经常提醒人们，不要仅将注意力集中在产品、服务或生产设备上，而要集中精力开发管理才能。开创事业所必备的最重要的3种管理技能是：

1. 现金流管理。
2. 人事管理。
3. 个人时间管理。

我得说，这3项管理技能不仅适用于企业，而且还适用其他地方。比如，管理自己的日常生活、家庭、企业、慈善组织、城市甚至是国家。

自律精神可以增强上面每一项技能。因此我非常重视"首先支付自己"这句话。

"首先支付自己"这句话出自乔治·克拉森写的《富爸爸巴比伦最富有的人》一书。这本书卖出了数百万册，虽然数百万的人都可以熟练地复述这句话，却鲜有人按这一建议去做。我说过，理财知识能让人读懂数字并了解数字背后的故事。通过一个人的收益表和资产负债表，我可以很容易地判断出一个人是否将嘴边念叨着的"首先支付自己"这句话用于实践中。

我们可以用图表把这个问题解释清楚。让我们来比较一下遵循"首先支付自己"与遵循"先支付别人"这两种人的财务报表。

研究一下本书第 290 页和第 291 页上的两张表，看看你能不能找出一些区别。当然，首先你必须懂得现金流的含义，只有它才能说明情况。大部分人只看数字本身，却忽略了数字所反映的内涵。如果你确实懂得了现金流的力量，你很快就能发现第 291 页上的图存在的问题了，你也能明白为什么 90% 以上的人辛苦了一辈子，到了晚年无法工作时，却不得不依赖政府的支持，如社会保险等。

看到了吗？第 290 页上的图反映的是那些首先支付自己的人的行为方式，在支付每月支出之前，他们总是先将钱分配给自己的资产项。虽然数以百万计的人读过克拉森的书，也理解他所说的"首先支付自己"这句话的含义，但在现实生活中他们还是最后才支付给自己。

首先支付自己的人

收益表

收入 工资	
支出 税 房租 食物	

资产负债表

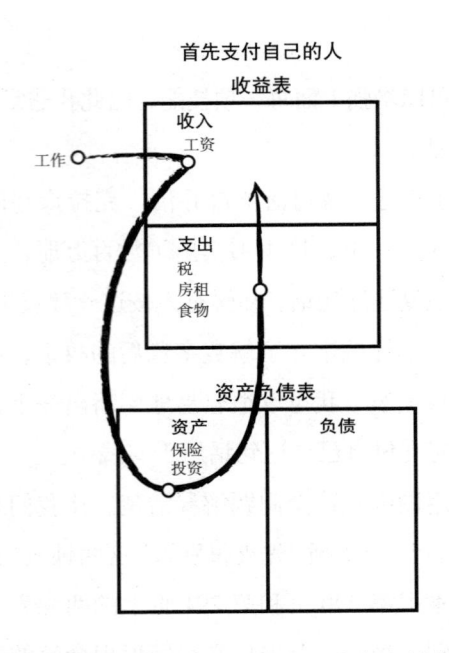

资产 保险 投资	负债

工作

此刻，我能听到那些并不相信应该"首先支付自己"的人对我的嘲笑，也可以听到所有按时支付账单的"负责任的"人的笑声。其实，我不是说要人们不负责任、不付账单，我的意思只是要像那本书所说的那样："首先支付自己。"上图就是这种正确做法在会计上的反映，291页的那幅图则完全不同。

如果你真正开始理解现金流的力量，你将很快认识到之前的图表错在什么地方或者为什么90%的人一生都在努力工作，但还需要政府扶持，即在他们无法工作时仍需要政府提供基本的社会保障服务。

我和我妻子的许多簿记员、会计师和银行经理对"首先支付自己"这句话抱有很大的疑问。这是因为这些理财专家在实际生活中也和大多数人一样：首先支付给其他人。

曾经出于种种原因，我的现金流远低于应付账单的数额，但我仍然首先支付给自己。我的会计师和簿记员惊恐地尖叫："他们会找你讨债的，国税局会把你投入监狱""你这样做是在毁掉自己的信用""他们会切断电源"，我不为所动，继续首先支付自己。

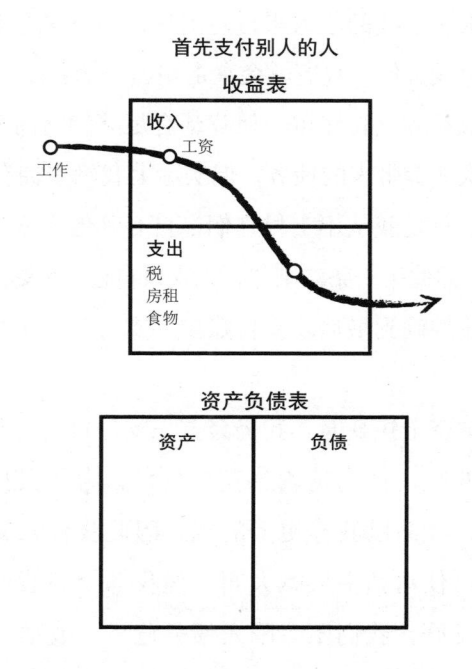

首先支付别人的人

收益表

收入	
工资（工作 ○——○）	
支出	
税	
房租	
食物	

资产负债表

资产	负债

也许你会问："为什么呢？"是因为《富爸爸巴比伦最富有的人》一书中所讲的内容，是因为自律和坚毅的力量，用通俗一点的话来说，就是"胆量"。在我为富爸爸工作的第一个月里，他教我认识到大部分人是如何被外界牵着走的。商店售货员告诉你：

"你可以用信用卡付账。"你的房地产中介告诉你"买下来吧——政府会给你的房子减免税收",于是你就相信了。这本书的真正目的是要告诉你：有胆量不随大溜才能致富。你也许并不软弱,但一旦涉及金钱,往往会变得怯懦。

我不提倡不负责任的做法,而我没有高额信用卡债务和消费债务,是因为我想首先支付自己。我减少收入是因为我不想让政府从中拿走太多,我的收入来自对内华达州一家企业的投资。因为如果我为金钱工作,政府就会拿走相当一部分。

尽管我最后才支付账单,但我却有足够的财商来渡过理财难关。我不喜欢消费带来的债务,但实际上我确实拥有比99%的人都高的负债,只是我从不支付它们：自有其他人来为我支付,他们就是房客。因此第一条法则"首先支付自己"就是首先不能陷入债务之中。我的确到最后才支付账单,支付一些少量的、无足轻重的账单。

当我偶尔资金短缺时,我仍会首先支付自己。我宁愿让债主和政府高声叫喊,他们越着急我越高兴。为什么？因为这些人是在帮助我,在激励我挣更多的钱。因此我首先支付自己,进行投资,然后任由债主大喊大叫,但我都会清偿债务。我和我妻子都信用良好,我们不会陷入债务危机,或动用储蓄、卖出股票来偿付消费带来的债务,因为这样做在理财上实在太不明智了。

为了能更好地做到"首先支付自己",请谨记以下两点：

1. 不要背上数额过大的债务包袱。要保持低支出。首先增加自己的资产，然后，再用资产项产生的现金流来买大房子或豪车。陷在"老鼠赛跑"中不是明智的选择。

2. 当你资金短缺时，让压力去发挥作用，而不要动用你的储蓄或资本。利用这种压力来激发你的理财天赋，想出新办法挣到更多的钱，然后再支付账单。这样做，不但能让你赚到钱，还能提高你的财商。

我有许多次都曾陷入理财困境之中，但通过动脑筋、想办法反而创造了更多的收入，我坚决地保卫了我的资产。我的簿记员会大喊大叫，东躲西藏，可我就像一位坚强的战士守卫着堡垒——我的资产堡垒。

穷人有一些不好的习惯，其中一个普遍的坏习惯就是随便动用储蓄。富人知道储蓄只能用于创造更多的收入，而不是用来支付账单。

我知道这样说听起来很刺耳，但是正如我所说的，如果你意志不够坚定，就只能被世界推着转。

你如果不喜欢理财压力，那就找一个适合你的模式，例如：减少支出，把钱存在银行，支付你本不该支付的所得税，购买安全的共同基金，按照一般人的做法行事。可是这样与"首先支付自己"的原则相悖。

这一原则不鼓励自我牺牲或理财紧缩，它并不意味着首先支付自己之后就饿肚子。生活应当是快乐的，如果你唤醒自己的理财天赋，就有机会拥有人生中最美好的东西：致富，并不以牺牲舒适为代价地支付账单。这就是财商。

6. 给你的经纪人以优厚的报酬——好建议的力量

我经常看到人们在自己的房子前面插上一块牌子，上面写着："房主直接出售，中介免谈。"或者像今天我从电视上看到的，许多人说："对经纪人的话不能完全相信。"

我的富爸爸教我的做法与这些人相反。他坚持给专业人士优厚的报酬，而我也运用了这一策略。今天，我聘请身价不菲的律师、会计师、房地产经纪人和股票经纪人为我工作。为什么要这样做呢？因为我认为，如果他们是专业人才，他们的服务就会为我创造财富，而他们创造的财富越多，我挣到的钱也就越多。

我们生活在信息时代，信息是无价的。一位好的经纪人不仅应该给你提供信息，还应该愿意花时间来教导你。我有几位经纪人就是这样的，其中有些人在我没钱或钱很少的时候仍在教我，所以今天我也一直任用他们。

我付给经纪人的钱与我根据他们提供的信息而赚到的钱相比，只是一小部分。我乐意见到我的房地产经纪人或股票经纪人赚到很多的钱，因为这通常意味着我赚到了更多钱。

一个好的经纪人不仅能为我赚钱，而且为我节省了时间。这样,当我以9000美元购得一块闲置地皮然后立即转手以2.5万美元卖出的时候，还能马上去买一辆保时捷。

经纪人是我在市场上的"眼睛"和"耳朵"，他们代替我整天密切地注视着市场动向，而我可以去打高尔夫球。

此外，直接出售自己房子的人也一定是不珍惜时间的人。为什么不能花一点小钱，用它换回时间去挣更多的钱、买更多喜欢的东西呢？我感到奇怪的是，许多穷人和中产阶级宁愿为餐馆糟糕的服务支付15%～20%的小费，却不愿给经纪人支付3%～7%的佣金。他们在支出项上慷慨地支付小费，却在资产项上对人极为吝啬，这样做在理财上显然是不明智的。

要知道每个经纪人的能力是不一样的。不幸的是，大部分经纪人只不过是推销员而已，尤其是某些房地产经纪人。他们卖房产，可自己只拥有极少的房产甚至根本就没有房产。要知道一个出售房子的经纪人与一个出售投资项目的经纪人之间有天壤之别，对那些自称理财专家的股票经纪人、债券经纪人、共同基金经纪人和保险经纪人来说也是一样。

当我考察任何一个提供有偿服务的专业人士时，我首先要弄清楚他们个人到底拥有多少财产或股票，以及他们纳税的比例是多少，我在挑选税务律师和我的会计师时也是这么做的。我有一位会计师，她十分关心自己的事业，她的职业是会计，可她的事业是房地产。我也雇用过一个小企业会计师，但他自己没有房产，最终我解雇了他，因为我们感兴趣的领域不一样。

要找一位很关心你的利益的经纪人。许多经纪人会花时间来教导你，那么他们可能是你得到的最好的资产。你慷慨地对待他们，大多数人也会慷慨地对待你。如果你总是琢磨着要减少他们的佣金，那么他们凭什么要尽力为你服务呢？这是很简单的逻辑。

我在前文中说过，人事管理是重要的管理技能之一。许多人只会管理不如自己聪明的人或是能力不如自己的人。许多中层管理人员一直停留在中层，就是因为他们只知道如何与职位低于自己的人一起工作，却不善于和比自己职位高的人一起工作。真正的技能是在某些技术领域能够管理比你更聪明的人并给他们提供优厚的待遇。这也是为什么公司要拥有一个董事会的原因，你应该有这种顾问，而这也是你的财商。

7. 做一个"印第安给予者"——无私的力量

当第一批白人移民抵达美洲时，他们对印第安人的文化习惯感到十分惊讶。例如，当看到一个白人很冷时，印第安人会给他一条毯子，可白人误以为这是一份礼物，因此当印第安人要回毯子时，他就感到十分不快。

印第安人也会感到失望，因为他们发现白人移民竟然无意归还自己的毛毯。这就是"印第安给予者"一语的由来，是指一种简单的文化误读。

在资产项领域，做一个"印第安给予者"对于获取财富来说十分重要。一位老练的投资者的首要问题是："我多久才能收回投资？"他们还会想确定自己的投资能得到的回报，也被称为"白捡便宜"。这就是投资回报率重要的原因。

例如，在我家附近我发现一处已经被没收的抵押品住房。银行要价6万美元，我出价5万美元，他们接受了，只因我开出了5万美元的现金支

> 一位老练的投资者的首要问题是："我多久才能收回投资？"

票。他们知道我是认真的。大部分投资者会说，你这不是冻结了一大笔现金吗？申请一笔贷款不是更好吗？答案是：有道理，但这里并不适用。在冬季，我的投资公司把这处房产作为度假屋出租。当那些"雪候鸟"（指那些冬季到南方度假的北方人）来到亚利桑那州时，这套房子每年可有 4 个月能以每月 2500 美元的价格出租。在淡季则每月只能租 1000 美元。我用了大约 3 年时间收回了投资。现在我依旧拥有这笔资产，每个月它仍能给我创造现金收入。

在股票市场上我也这样做。我的经纪人经常会给我打电话，建议我动用一笔数额可观的资金，购买他看好的公司的股票，比如拥有某种新产品的公司的股票。于是，我会在股票上涨前一周到一个月内将资金调入，赢利后，我便抽回初始资金，并不再担心后市的波动，因为我的成本已经收回，并又投资于其他资产了。通过这样的方式，使我拥有了一笔从技术上来说是无偿取得的资产。

确实，有时我也会损失资金，但我投资的项目都是在我能承担的损失范围之内的。我承认，在平均每 10 项投资中，我会有 2～3 项赢利，5～6 项不赚不赔，2～3 项亏本。但是我会将自己可能发生的损失限制在那个时期我所拥有的资金量的范围之内。

那些讨厌风险的人会把钱存在银行里。从长远来看，有储蓄总比没有好。但是，这样做要花很长时间才能收回资金，而且在大部分情况下，你没有一些额外的奖赏。

在我所有的投资中，必有一些投资是能带来一些额外收入的，比如一处公寓，一处小型仓储库，一片土地，一处房子，股票，写字楼等，这些项目的风险很低。其原因在一些书中专门讲到，我在这里就不展开谈论了。这就像雷·克罗克，以创立麦当劳而出名，他出让汉堡包特许经营权并不是因为他喜欢汉堡包，而是因为出让特许经营权后获得房地产。

因此明智的投资者不只看到投资回报率，而且还能看到，一旦收回投资，就能额外得到的资产。这也是财商。

8．用资产来购买奢侈品——专注的力量

一位朋友的孩子养成了乱花钱的坏毛病，他刚16岁就想买车，理由是：他朋友们的父母都为他们买了车。他想用为上大学存的钱作为首付买辆车，于是我的朋友就给我打来电话。

"你觉得我应该允许他这样做吗？或者直接给他买辆车？"

我回答："从短期来看这样做可以减轻你的压力，但从长远来看，这样做能教给他什么呢？你能不能利用他希望有车的欲望来激励他去学点东西呢？"我朋友心里豁然一亮，赶忙回家了。

两个月后，我又遇到了这位朋友。"你给儿子买车了吗？"我问。

"不，没有。但我给了他3000美元，我告诉他可以用我给的钱但不能动用他上大学的钱。"

"啊，你很慷慨呀！"我说。

"不是这样，这笔钱只是一个'圈套'。"

"那么，什么是'圈套'？"我问。

"首先，我们玩了一次《富爸爸现金流》游戏，然后就如何明

智地花钱的问题进行了一次长谈。之后我给了他订阅《华尔街日报》的费用和一些关于股票市场的书。"

"接下来呢？"我问，"你是怎么做的呢？"

"我告诉他这3000美元归他所有了，但他不能直接用这笔钱买车，他可以用它来买卖股票，也可以聘请股票经纪人。等他把3000美元增值到6000美元，就可以用挣到的钱去买车了，而原来的3000美元仍要用在他的大学教育上。"

"那么，结果怎么样？"我问。

"一开始他在交易中很幸运，但几天之后他就把挣到的钱全赔光了，接下来他真的开始感兴趣了。现在，我想他可能已经亏了2000美元本金，但他的兴趣更大了，不仅读完了我给他买的所有书，还到图书馆去借书读。他如饥似渴地阅读《华尔街日报》，关注市场动向。现在他只剩下1000美元了，但他的兴趣和学习劲头却高得不得了。他知道如果自己赔光了钱，就要再等两年买车，可他似乎并不在意这个了，甚至对买车也不那么感兴趣了，因为他找到了一项更有趣的游戏。"

"要是他真赔光了怎么办？"我问道。

"船到桥头自然直。我宁可他现在赔掉一切而不愿等到他到我们这个年纪时再去冒这样的险。而且，我想这是我花在他的教育上效果最好的3000美元，他从中学到的知识将使他受益终身。他似乎对金钱的力量肃然起敬。"

我之前谈到过如果一个人缺乏自律，最好别想着致富。因为从理论上来讲，从一项资产中获得现金流的过程是容易的，但是拥有正确的支配金钱的坚强意志却是困难的。在今天的消费者世界里，由于种种外在的诱惑，所以很容易在支出项上挥霍金钱。因为意志薄弱，金钱的流出简直是无遮无拦，这就是大多数人贫困并在财务困境中苦苦挣扎的原因。

接下来的这个例子充分说明：要想用钱去赚更多的钱，这是需要财商的。

假设我们在年初给100个人每人1万美元，到了年底我想会出现这样的情况：

有80个人会分文不剩。事实上，许多人可能会通过先付首付来买新车、电冰箱、电视机或是去度假，从而背上很重的债务。

有16个人会将这1万美元增值5%～10%。

有4个人会将这1万美元增值到2万美元至数百万美元。

我们上学去学习某个专业，这样我们就可以为金钱工作了，但我认为——学会让金钱为你工作同样重要。

我和其他人一样喜欢奢侈品，差别在于有些人贷款购买奢侈品，这是一个相互攀比的陷阱。而假如我想买一辆保时捷，最简单的方法可能也是给我的银行经理打电话，让他帮我申请一笔贷款，但实际上我不会这么做，我选择关注资产项而不是负债项。

我习惯于用消费的欲望来激发并利用我的理财天赋去投资。

今天，我们关注的是借钱来买我们想要的东西，而不是如何才能创造财富。这样做从短期来看很容易，但从长期来看却很难做到。不论是对个人还是国家来说，这都是一种坏习惯。记住，轻松的道路往往会越走越艰难，而艰难的道路往往会越走越轻松。

你能越早开始训练自己和自己所爱的人做金钱的主人，结果就会越好。金钱是一种强大的力量，但不幸的是，有的人让金钱的力量反过来对付自己。如果你的财商很低，金钱就会超过你，它会比你更精明。如果你不如金钱精明，你就将为它工作一生。

要成为金钱的主人，你就要比金钱更精明。然后金钱才能按照你的要求办事，它会屈服于你，这样你就是它的主人，而不是它的奴隶。这就是财商。

9. 对英雄的崇拜——神话的力量

当我是个孩子时，我非常崇拜威利·梅斯、汉克·阿龙、约吉·贝拉，他们是我心中的英雄。我希望自己能像他们那样。我珍藏着他们的棒球卡。我知道他们的总得分，他们的打点和投手防御率，他们挣多少钱，以及他们是怎样在少年棒球联赛上崭露头角的。

在我9岁或10岁的时候，每当我上场击球或是充当一垒手和接球手时，我便不再是我自己，我感觉自己成了著名的棒球球员，这是我学到的最有效的方法之一。但当我们长大成人后，却失去这种模仿能力，我们失去了心中的英雄。

今天，我看到年轻的小伙子们在我家附近打篮球。在场上他们不再是小约翰尼,而是他们喜欢的篮球英雄。模仿或赶超大英雄确实是一条很好的学习途径。

随着年龄的增长,我的心中又有了新的英雄,我模仿他们的击球动作,竭尽全力去搜集与他们有关的资料。我还崇拜像沃伦·巴菲特、彼得·林奇和吉姆·罗杰斯这样的投资家。但我还像小时候了解棒球明星们跑垒得分那样了解这些新英雄的情况。我跟随沃伦·巴菲特的选择进行投资,还阅读所有我能找到的他对市场看法的文章,以及他怎样选股。

> **20年后的今天**
> **新英雄**
>
> 今天我在这个名单上加了几个新的名字,包括大卫·斯托克曼[①]和吉姆·瑞卡兹[②]。

就像在棒球场上一样,我不再是我自己。当分析某种趋势时,我学着像沃伦·巴菲特那样思考。通过偶像的模范作用,我们挖掘出自身的巨大潜能。

英雄人物不仅激励了我们,还会使难题看起来容易一些。他们坚定了我们要像他们一样的信心,"如果他们能做到,那么我也能"。

在投资问题上,许多人总是说有多么多么困难,而不去找能

---

① 前白宫预算办公室主任。
② 美国金融风险分析家,著有《货币战争:下一个全球危机》。

够"帮助"他们的英雄。

10. 先予后取——给予的力量

从某种意义上来说,我的两个爸爸都是老师。富爸爸教给我一生受用的经验,即乐善好施是必要的。受过良好教育的爸爸花了很长时间传授知识给很多人,却几乎没有给过别人钱财。他常常说要是有多余的钱,就会捐助给别人。可是,他很少有结余。

富爸爸既提供金钱也提供教育,他坚信应该缴税。"如果你想获得,就要先给予。"他总是这样说。即使他缺钱,他还是会向教堂或他支持的慈善机构捐钱。

如果我可以给你提供一种新思路,那一定是这个思路:当你感到手头"有点紧"或是想得到什么时,首先要想到给予,只有先"予",你才能在将来取得丰厚的回报,无论金钱、微笑、爱情还是友谊都是如此。我知道人们常把给予放在最后,但事实证明勇于付出对我总是大有裨益。我相信互利互惠的原则,我想要得到就要付出。我想要钱,所以我给别人钱,然后我又成倍地收回钱;我想做销售,所以我帮助其他人卖东西,这样我的东西也卖出去了;我需要签合约做生意,所以我会尽我所能去帮助其他人得到合约,就像变魔术一样,我要的合约也到手了。多年前我曾听到一句谚语说"上帝不需要得到,但人类需要付出"。

我的富爸爸常说:"穷人比富人更贪婪。"他这样解释:如果一个人很富有,那么他就能提供别人想要的东西。在我的一生中,每当我觉得有什么需要,或是缺钱,或是需要帮助时,我都会想一想,自己心里要的到底是什么,然后首先为此付出。一旦我付出了，就总是能得到回报。

这使我想起了一个故事，说的是一个人抱着柴火坐在寒冷的夜里，冲着一只大火炉叫道："你什么时候给我温暖，我就什么时候给你添柴火。"推而广之，当涉及金钱、爱情、幸福、销售和合约等时，都应记住要为自己想要的东西先付出，然后才能得到加倍的回报。常常是在思索我想要什么，以及要为此给予别人什么的过程中，我会变得慷慨大方。每当人们没有向我微笑时，我就开始笑着和别人问好，然后，非常神奇地，似乎我周围突然多出了许多面带微笑的人。的确，你的世界就是你的一面镜子。

所以我说"先予后取"。我发现，越真诚地教那些想学习的人，我就从中学到越多。如果你想学习有关金钱的知识，那就要先告诉别人你赚钱的方法，然后，新的思想和绝妙的灵感就会喷涌而出。

也有许多次我虽然付出了但没有任何回报，或者得到的并非我想要的东西，但仔细想想，大多数时候我并不是白白付出，而是取得了很好的回报。

我爸爸培养老师，最终成为一名资深的教师。同样的，富爸爸总是把自己做生意的经验和知识传授给年轻人。回想起来，当他们把自己懂得的知识十分慷慨地传授给别人时，他们也变得更加聪明了。在这个世界上有人比我们更聪明，你也许可以凭借自己的努力取得成功，但是如果有了这些人的帮助，你的成功之路也许就会更平坦。你应当做的就是：慷慨一些。

讨论学习环节
第八章
开始行动

Rich Dad, Poor Dad

第八章
开始行动

本章小结

　　找到好生意的机会真的很容易,这就像骑自行车,刚开始还摇摇晃晃,但很快就驾轻就熟了。赚钱也是一样,最初的难关得由你自己渡过。

　　为了找到这些伟大的交易,我们必须唤醒处于休眠状态的理财天赋。我们的文化一直教导我们:金钱是万恶之源,这种文化促使我们学习某项技能,然后努力工作,等退休以后政府会照顾我们的晚年生活。所以我们一直坚守这种信条:努力工作—赚钱—花钱。一旦缺钱,我们总能借到钱。这就是为什么我们大多数人的理财天赋会处于睡眠状态。

　　但是我们必须唤醒我们的理财天赋,以此找到一桩价值百万美元的"关系一生的机会"。通过找工作来赚钱相对容易些,但这并不是通往财务自由的道路。如果你不想跟大多数人一样走这条"通过找工作赚钱"的老路子,罗伯特提供了他自己一直遵循的可以唤醒理财天赋的10个步骤,你可以照着这些步骤来做,也可以按自己的方式去做,你的理财天赋足以让你胜任这项任务。

1. 我需要一个超现实的理由——精神的力量

许多人想要致富或者获得财务自由,但致富之路似乎崎岖且漫长,所以很多人不得不就此放弃了。就像那些梦想参加奥运会的游泳运动员一样,他们不得不牺牲自己的休闲时间及社交活动,在游泳池里不断地练习。人们需要一个强有力的理由和目标来扫除一切障碍。

这些理由和目标是"想要"和"不想要"的结合体——就像罗伯特想要富有的理由和目标一样。

首先,我们来列举一些他的由"不想要"促成"想要"的例子。他不想将一生都耗费在工作上,也不想父辈那样一生只为追求稳定的工作和一套郊区的房子,他也不想一辈子都做打工族,更不想因为忙于工作而影响与家人相聚的欢乐时刻,更不愿意像穷爸爸那样死后自己的全部东西都被政府收走,没什么可留给孩子。

那罗伯特到底想要什么呢?他想在年轻的时候环游世界,并按照自己喜欢的方式生活。他想获得心灵上的自由,自己支配自己的时间和生活。他想要他的钱为自己工作。

就像罗伯特一样,你必须有强大的精神动力支持你向致富这条道路进发,以抵御你前行道路上的各种挫折。罗伯特多次亏钱,但他一直在坚持,因为他的精神动力足够强大。他本想在40岁时获得财务自由,直到47岁他终于真正实现这一目标。

成为富人并不容易,但也不是那么难。但如果罗伯特没有强有力的理由和目标做后盾,这将变得非常困难。

如果你没有一个强有力的理由,就无需再读下去了,因为这看起来是一项很艰巨的工作。

2. 每天做出自己的选择——选择的力量

你每天都可以选择是让自己成为富人，还是成为穷人，抑或是成为中产阶级。你的消费习惯可以反映出你是什么样的人。穷人之所以贫穷，是因为他们有着不良的消费习惯。

罗伯特在很小的时候就选择以后要成为富人。他的朋友迈克在继承了一笔资产后，开始选择学习如何管理这些资产。通常许多富裕家庭在将资产交给下一代的时候都忽视这一点——让孩子学习如何管理资产。

大多数人会选择不成为富人。他们觉得自己对钱不感兴趣，或者说自己还很年轻，没必要担心以后的生活，甚至还有其他无数的借口。

正是这些借口阻碍他们去思考这样两件事：第一，他们的时间（他们最宝贵的资产）；第二，学习（正因为你没钱，就更需要去学习）。我们每天都可以做出选择，这个选择是我们利用自己的时间、金钱和头脑里学到的东西做出的。

罗伯特选择成为富人，他每天都为此而努力。

他建议人们首先投资于教育。因为我们的头脑是我们最强大的工具。随着年纪的增长，我们都有选择学习哪些知识的自由。但是，大多数人选择直接购买理财产品，而不是先投资于学习如何投资。

为了继续学习如何投资，罗伯特每年至少要参加两次研讨会。1973年，他参加了为期3天的购房活动研讨会。这次研讨会只花了他 385 美元，却帮他至少赚了 200 万美元。正是这一课程，使他在以后的岁月里不必再辛苦地工作了。

罗伯特还喜欢看光盘和听有声读物，这样他可以重复收看刚刚听到的内容。有一次，他正在收听一位投资者的讲座，对这个人的一些观点不是很认同。于是，他反复收听了 20 次，最后终于明白那位投资者所要表达的意思。

他之所以能搞明白这位投资者的真知灼见，是因为他保持谦虚好学的态度，尽管他一开始不太认同这个投资者的观点。现在他获得了两种分析问题的方法，实在难能可贵。罗伯特选择阅读或倾听一些人的想法，从沃伦·巴菲特到彼得·林奇，这让他得以了解这些人那高深的投资理念。

如果想学习某些新东西，那你就要犯些错误，只有这样才能充分理解你所学习的知识。骄傲自大或吹毛求疵的人往往害怕冒险，他们也不愿倾听专家的意见。

这不是聪明不聪明的问题。聪明的人如果将自己的聪明才智与傲慢相结合，那他简直就是无知。真正聪明的人乐于接受新想法。因为新想法可以与自己已有的知识相结合，进而迸发出思想的火花。

多听，多学习。以长远的眼光来看待财富，不要存有一夜暴富的念头。在投资股票或房地产之前，请先投资你最重要的资产——头脑。

3. 慎重地选择朋友——关系的力量

罗伯特向所有的朋友学习，这些人中既有可以向他们寻求知识的有钱人,又有那些穷困潦倒的人,这类朋友让他知道哪些不可以去做。

几个赚了数十亿美元的朋友跟他谈到过这样一种现象:他们那些没有钱的朋友从不问他们是怎样赚到钱的,只会找他们介绍工作或者借钱,又或者两者兼而有之。

罗伯特提醒大家不要听贫穷的或是胆小的人的话。对他们而言,当涉及到投资时,如同"天就要塌下来了",他们总会告诉你这件事为什么不可行。

当一位专家说市场正在走向衰退,另一位专家却声称市场正在趋于繁荣。这时候,两方的话你都要听。因为两种说法都有合理的地方。

在积累财富的过程中,最困难的事情莫过于坚持自己的选择而不盲目从众。如果某项大宗交易被大众熟知时,此刻你去投资,恐怕为时已晚,此时,你应该试着寻找下一个新交易。

不要计较市场时机,你只管时刻等待下一个大浪来将自己高高托起。明智的投资者往往会购买一项不被大众看好的投资,他们懂得利润在购买时就已确定,而不是在出售时获得的,他们会耐心地等待投资的增值。

到处都有"内线人员交易"(有些内线人员交易是合法的)。尽量靠近那些内线人员,结交有钱的朋友,因为他们更加接近内部,而钱就是由"内线信息"挣来的。听他们告诉你下一个赚钱点在哪里,这样你就能在市场繁荣之前买进,在危机之前卖出。这就是朋友的作用。这也是一种财商。

4. 掌握一种模式，然后再学习一种新的模式——快速学习的力量

你得注意你要学习的内容，因为你的精神力量非常强大，你学到了什么，就会成为什么样的人。

大多数人一般只知道一个基本的赚钱模式：上班－赚钱－支付账单－平衡支票簿－购买共同基金－然后再上班。

如果挣得钱不够多，你需要改变你的赚钱模式。

多年以前，罗伯特参加了一个周末研讨班，内容是关于"如何购买破产的房地产"。在那里他学到了一个模式，并试着付诸实践，运用这个模式，他赚取了数百万美元。

所以，他又开始寻找新的模式。有时候他学到的知识并不能马上派上用场，但他也坚持继续学习。

大部分高等专科学校和社区大学都开有理财规划和传统投资方面的辅导班，这些都是非常好的理财启蒙的地方。罗伯特总是在寻找更迅速的赚钱模式，这就是为什么他一天挣的钱比许多人一生当中挣的钱还要多的原因所在。

你不仅仅要学习更快的赚钱模式，还要更快地学习新的赚钱模式。

5. 首先支付自己——自律的力量

在所有步骤中，自律可能是最难掌握的。能否自律是将富人、穷人和中产阶级区分开来的首要因素。

生活推着你转，并给你施加压力。对理财压力承受力差的人永远不会成为富人。

罗伯特在企业家培训班中告诉那些学生：开创事业所必备的最重要的3种管理技能是分别是：现金流管理、人事管理和个人时间管理。这3项管理技能适用于每个人，不仅仅对企业家而言，并且每一项技能都可以通过自律来增强。

虽然很多人每天复述"首先支付自己"这句话，却鲜有人按这一建议去做。比较下面两个图表就明白为什么了。左边是"首先支付自己"的表，右边是"首先支付他人"的表。

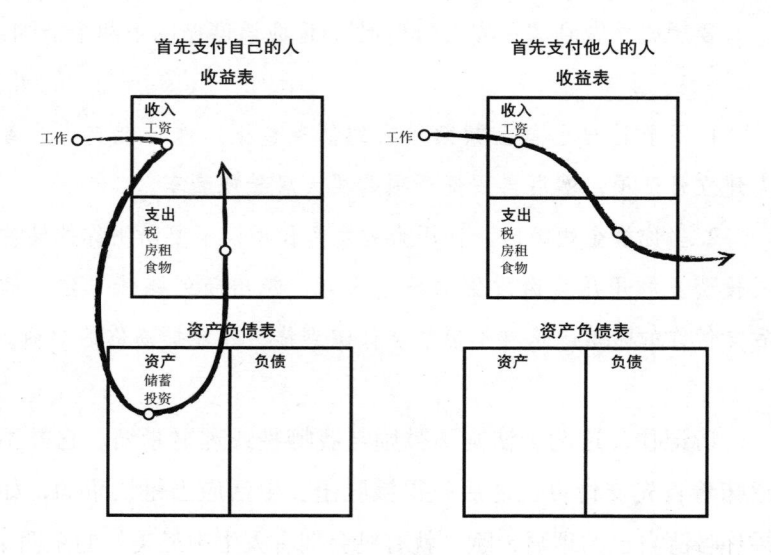

```
        首先支付自己的人                    首先支付他人的人
            收益表                              收益表
    ┌─────────────────────┐          ┌─────────────────────┐
    │ 收入                │          │ 收入                │
    │ 工资                │          │ 工资                │
工作 ○─────○              │      工作 ○─────○              │
    │      │              │          │      ╲              │
    ├──────┼──────────────┤          ├───────╲─────────────┤
    │ 支出 │              │          │ 支出   ╲            │
    │ 税   │              │          │ 税      ○───────────┼──→
    │ 房租 │              │          │ 房租                │
    │ 食物 ○              │          │ 食物                │
    └──────┼──────────────┘          └─────────────────────┘
            资产负债表                          资产负债表
    ┌──────┬──────────────┐          ┌──────┬──────────────┐
    │ 资产 │ 负债         │          │ 资产 │ 负债         │
    │ 储蓄 │              │          │      │              │
    │ 投资 ○              │          │      │              │
    │      │              │          │      │              │
    └──────┴──────────────┘          └──────┴──────────────┘
```

仔细观察两张表中的现金是如何流动的。如果你确实懂得了现金流的力量，很快就能发现：左边这个"首先支付自己"的图表反映了这样一种行为方式：在支付他人之前先支付自己，即先将钱分配给自己的资产项。不先支付他人的账单，并不意味着不负责任，只是这种人想先支付自己而已。

313

接下来我们再看看右边的图表，首先支付别人后只剩很少或几乎剩不下什么钱来用于投资资产栏。

罗伯特和其他人也经常遇到这种情况：现金流不足，无法支付他人的账单，但他们仍先支付自己。当会计师惊恐地尖叫"他们会找你讨债的，国税局会把你投入监狱"时，你需要有一颗强大的内心。这样做能促使资产投资成为优先事项，并实现财富增长。

要想成功做到"首先支付自己"，你应该遵循以下两个法则：

1. 不要让自己背上数额过大的债务包袱。保持低支出。首先建立资产项，然后再用资产项购买大房子或豪车。

2. 当你资金短缺时，让压力去发挥作用，不要动用你的储蓄或投资。利用压力激发你的理财天赋，想出新的赚钱方法，然后支付你的账单。这样不但能让你赚到钱，还能提高你的财商。

请记住，这两个法则不鼓励自我牺牲或理财紧缩。它并不意味着首先支付自己之后就得饿肚子。生活应当是快乐的，如果你唤醒自己的理财天赋，就有机会拥有人生中最美好的东西：致富，并不以牺牲舒适为代价的方式支付账单。

6. 给你的经纪人以优厚的报酬——好建议的力量

许多人试图通过使用佣金低的经纪人或不通过中介而是自己卖房子来达到省钱的目的。但是，优秀的专业人士不仅可以节省你的时间，还可以让你赚钱。

信息是无价的。一位好的经纪人不仅为你提供信息,还能让你赚钱。你可以向他们学习。事实上,你付给他们的钱与你从他们所提供的信息中赚到的钱相比如同九牛一毛。

所有经纪人的能力并非都一样。与他们交流,了解他们拥有多少财产或投资。要找一位很关心你的利益的经纪人,并且慷慨地对待他(她)。

公司之所以设立董事会,是因为他们知道拥有比他们更聪明的人才的价值所在。你也应该有一个董事会。

7. 做一个"印第安给予者"——无私的力量

当第一批白人移民抵达美洲时,因误读了印第安人的文化习惯而诞生了"印第安给予者"一词。白人移民感冒时,印第安人会给他一条毯子,可白人误以为这是一份礼物,因此当印第安人要回毯子时,白人移民就会感到十分不快。这就是文化的误读。

在资产项领域,做一个"印第安给予者"对于获取财富来说十分重要。也就是说,让你的初始投资回本,并且要快速回本。

可以看看这个例子。罗伯特用5万美元的现金支票购买了一套公寓。这套公寓在旺季时以每月2500美元的租金出租,在其他时间的租金为每月1000美元。罗伯特用了3年左右的时间就收回了成本。也就是说,罗伯特最初投入的5万美元已经回到了口袋里,但是公寓还在继续为他赚钱,每个月都带来一笔可观的现金流收入。

那些讨厌风险的人会把钱存在银行里。但这不会带来任何价值。你也没有一些额外的奖赏。

对于他的每一笔投资,罗伯特说,这些投资必须能带来一些额外的收入，比如一处小型仓库，一片土地，股票，房子。这些项目的风险很低。

8. 用资产来购买奢侈品——专注的力量

罗伯特和其他人一样喜欢奢侈品，但他不会借钱购买奢侈品，而是专注于用资产栏创造钱去买这些奢侈品。

他分享了这样一个例子。

一个朋友十几岁的儿子想要一辆车。爸爸没有买给儿子，也不让儿子使用自己的准备上大学用的储蓄买，而是给了儿子3000美元，还告诉他一些关于股票的信息。爸爸告诉儿子："这3000美元归你了，但你不能直接用这3000美元买车。你要用这笔钱进行股票投资，当你赚到6000美元时，就可以用其中的3000美元买车，剩下的3000美元将成为你的大学基金。"

虽然儿子还没有意识到这是一个"圈套"，但他对股票的学习兴趣却变得极高。他正在学习一个能为他服务的课程：增加资产以支付自己想要的东西。

从理论上来讲，从一项资产中获得现金流的过程是容易的，但是拥有控制金钱的坚强意志却是困难的。借钱买自己想要的东西，从短期来看很容易，但长期来看却很难做到。

9. 对英雄的崇拜——神话的力量

促使孩子学习的最有效的方法之一便是假装自己变成了自己最崇拜的英雄。

罗伯特继续说道，长大以后，他心中的英雄已经发生改变了——不再是继续扮演蝙蝠侠的威利·梅斯，而是分析某种投资趋势时总是胜券在握的沃伦·巴菲特。

通过偶像的模范作用，我们挖掘出自身的巨大潜能。英雄人物不仅激励了我们，还会使难题看起来容易一些。

10. 先予后取——给予的力量

罗伯特从富爸爸那里学到给予和教育。他总说："如果你想获得，就要先给予。"即使他缺钱，他还是会向教堂或他支持的慈善机构捐钱。

当你感到手头"有点紧"或是想得到什么时，首先要想到给予，只有先"予"，你才能在将来取得丰厚的回报，无论金钱、微笑、爱情还是友谊都是如此。

教学也是如此。你教给别人的越多，你学到的也越多。罗伯特的两个爸爸都证明了这一点。

慷慨地分享你所拥有的，并确保你享受给予给自己带来的快乐，而不是简单地为了得到而给予。

左脑时刻：用自律精神践行"首先支付自己"这一法则，以确保永远把"增加资产项"放在第一位。

右脑时刻：让你的头脑对新的想法和新的做事方式保持开放，以便让新旧想法和方式交锋，擦出思想的火花。

潜意识时刻：挖掘"我想变得富有"的理由和目标，并不断增强这些深层次的精神动力。它们将帮助你扫除通往财务自由之路上的一切障碍。

罗伯特说了什么

现在是开始反思的时间。问问自己:"罗伯特在这段引述里说了什么?""他为什么会那样说?"在这个环节,无论你对罗伯特的那些说法是否赞成,只需理解他所说的内容即可。

切记,这个模块的设计是为了凸显讨论与合作的重要性。毕竟两个人的智慧大过一个人的智慧。如果你不理解罗伯特所说的内容,请不要害羞和回避。你可以向他人请教。花点时间讨论一下他的每段引述,直到你真的理解了。

金矿到处都是,但大部分人没有经过相应的培训,所以发现不了它们。

没有强有力的理由和目标,任何事情都会变得非常困难。

从理财的角度来说,我们每挣到一美元,就得到了一次选择自己是成为富人、穷人还是中产阶级的机会。

90%的人会购买电视机,只有大约10%的人才会购买商业和投资方面的书籍。

我们知道有许多受过高等教育的人,或是自认为很聪明的人,他们的资产负债表却一塌糊涂。

我会注意我有钱的朋友是如何谈论金钱的(我不是指他们的夸夸其谈),他们对这个话题感兴趣。所以,我向他们学习,他们也向我学习。

如果你对自己所做的工作感到厌倦或是你挣的钱不够多，那么很简单，改变你的挣钱模式吧。

那些不够坚毅的人往往会成为那些自律性很强的人的手下败将。

有时我也会损失资金，但我投资的项目都是在我能承担的损失范围之内的。

轻松的道路往往会越走越艰难，而艰难的道路往往会越走越轻松。

附加问题

现在是时候将这一章的故事和你对罗伯特的话的理解运用到自己的生活中去了。问问自己下面这些问题，并和自己的学习伙伴讨论。一定要对自己和你的学习伙伴诚实。如果你不喜欢自己给出的答案，问问自己是否愿意改变或者接受改变自己想法和心态的挑战：

1. 你为什么想要变得富有？你"想要"和"不想要"的理由是什么？罗伯特会认为这些理由足够强大吗？

2. 你的消费习惯是否反映了你想要的生活？如果没有，你将作何改变？

3. 你每天选择让大脑吸收哪些知识？你最后一次参加研讨会或是阅读商业书籍（或者其他书籍）是什么时候？

4.你从朋友那里学到了哪些有关财务方面的知识？这些知识是好还是坏？

5.你觉得你的自律习惯已形成还是需要好好锻炼一下？

6.在你的生活中你有没有一个好的顾问团或者优秀的经纪人，抑或是其他专业人士？你因为他们向你提供赚钱信息的能力提供优厚的报酬了吗？

7.你是否真正理解了步骤7中提出的那个观点？如果不明白，请与你的学习伙伴讨论交流。

8.最后一次购买奢侈品时，你是如何付钱的？

9.谁是你心中的财务英雄？你在行动上如何效仿这个人？

术语解析

ROI：即投资回报率，是指通过投资而应返回的价值，即从一项投资活动中得到的经济回报。

读书笔记

读书笔记

第九章

还想要更多吗?
这里有一些要做的事情

许多人可能并不满足于我说的这 10 个步骤,他们认为这些步骤更是一种思想而不是实际行动。而我认为,理解这一思想和行动同样重要。有许多人愿意去做而不愿意思考,也有许多人愿意思考而不愿意付诸行动。而我既愿意思考也愿意行动。我喜欢新思想,也乐于付诸行动。

那么,对于那些想行动起来的人来说,应该如何开始呢?在此我想简要地介绍一下我是怎样做的。

- **停下你手头的活儿。**换句话说,就是先停下来,评估一下你的做法中哪些有效,哪些无效。做同一件事情却希望有不同的结果是神志不清的表现。不要做那些无效的事情,找一些有效的事情去做。

- **寻找新的思想**。为了寻找投资的灵感，我经常到书店搜寻提供独特的、与众不同的主张的书，我把它们称为模式。我买那些介绍各种"模式"的书，这些模式是我以前不知道的。

  例如，在书店，我找到了乔尔·莫斯科维茨的《收益率达到16%的方法》，我买下了这本书并一口气读完。在第二周的星期四，我开始按照书上说的话行动。大部分人并不采取行动，或者被别人说服不去应用所学到的任何新模式。我的邻居就曾经对我说，16%的收益率是不可能实现的，但我没有听他的，因为他从来没有试过。

- **找一些做过你想做的事情的人**。请他们和你一起共进午餐，向他们请教一些诀窍和技巧。就拿16%的税收留置权来说吧，我到税务办公室同一位工作人员见面，我发现她也在做税收留置权投资，于是立即邀请她一起吃午饭。她很兴奋地告诉我她所知道的有关这种投资的所有方法。甚至在吃过饭后，她又用了整整一下午来向我说明投资的全过程。到了第二天，我就在她的帮助下，找到了两笔大买卖，从此我每年就能获得16%的利息收益。我花了一天来读有关的书，用一天来采取行动，用一个小时吃午饭，又用一天找到了两笔大买卖。

- **上辅导班、读书或参加研讨会**。我在报纸上寻找让我感兴趣的辅导班的广告，有许多是免费的，也有一些只收取一小笔费用。我也参加一些很贵的研讨班，因为这些地方所讨论的内容正是我想学的。就是因为学习了这些课程，我才会变得富有，不用出去辛苦地工作。我有许多朋友从不参加这种辅导班，并说我是在浪费钱，然而他们至今仍在干着和以前一样的工作。

- **提出多份报价**。如果我想要买一处房产，我会看多处房产并给出一个一般的报价。如果你不知道什么是正确的报价，那我也不知道，这是房地产中介的工作，要由它们来提出报价。我尽可能少做这方面的工作。

一位朋友希望我告诉她如何购买公寓。所以在一个周六，她、房地产中介和我一起去看了6处公寓。其中4处不太好，另外两处不错。我提议对所有6处都报价，价格为卖主要价的一半。她和中介非常吃惊，认为这样做未免太无礼了，恐怕会冒犯卖主们。但是我觉得，房地产中介并不那么尽力，所以他们常常什么也不做而是去寻找一处更好的房产。

后来他们一个报价也没报，而那个中介仍然在寻找一笔价格"合适"的交易。其实，你根本就不知道什么价格才是"合适"的，除非有另一处同样的交易作为参照。大部分卖主的要价过高，很少有要价低于标的物的实际价值。

这个故事的中心是：多发出几份报价。没卖过东西的人，对想卖出东西的迫切心情是不会理解的。我有一处房产，想在数月之内卖掉，当时我愿意接受任何报价，不会在意价格有多低，即使他们只给我10头猪我也会非常高兴。报价本身并不重要，关键是有人感兴趣。也许我会反过来建议对方以一个猪圈交换房产也不一定呢，游戏就是这样的。记住，做买卖就是一场有趣的游戏。你提出报价之后，可能对方就会说："成交。"

我还经常使用"免责条款"来做报价。例如在房地产交易协议上，我会加上一条"须得到我的商业伙伴的同意"。我从不指明我的商业伙伴到底是谁，大部分人都不知道我的商业伙伴其实就是我的小猫。如果他们接受我的报价，而我又想反悔的话，我就给家里的小猫打电话。我讲这个荒唐故事的目的就是为了说明，买卖游戏简单得简直让人难以置信。所以，我觉得许多人太过严肃了，反而把事情弄得太复杂。

寻找一桩好生意、一家好企业、一位合适的人、一位合适的投资者，或任何类似的东西，就如同约会一样。你必须到市场上去和许多人谈，做许多报价、还价、谈判、拒绝或者接受。我知道有些单身的人宁可在家里坐等电话铃响，但是你最好还是到市场上去，即使只是一家超市也好。从寻找、报价、拒绝、谈判到成交，几乎是人的一生中要经历的全部过程。

- **每月在某一地区慢跑、散步或驾车 10 分钟左右。**

我就是通过上述方式发现我投资中一些最好的房地产项目。有一年，我常常固定在某一邻近的地区慢跑，为的是发现某些变化。一桩交易要赢利，必须具备两个条件：一是廉价，二是有变化。市场上有许多廉价交易，但只有存在变化，才能使廉价交易变得有利可图。因此，当我慢跑的时候，经过的地方都是我想要投资的区域。通过反复观察，我注意到一些细微的变化。我会注意到有的出售招牌挂了很长时间，那意味着卖主很可能急于成交。看到卡车进进出出，我会停下来和司机交谈。我还与邮政货车的司机聊天，从这些人口中可以得到有关某一地区详细得惊人的信息。我找到一个市场行情很差的地区，是那种人人唯恐避之不及的地区。在一年里我不时开车来到这里，以观察有没有好转的迹象。我和零售店主，特别是那些新搬来的交谈，以弄清楚他们搬来的原因。这样做每月只需要花很少时间，同时我还能做其他的事情，比如锻炼锻炼身体，或去商店走走看看等。

- **购买特价商品。** 为什么购买特价商品的总是穷人？因为每当超市大减价，如卫生纸打折时，消费者就会涌入超市抢购。而当楼市或股市出现股价下跌时，也就是大多数人所说的下挫或回调时，持有者却急于从中逃出。当超市商品涨价时，人们转到其他商店购物。而当楼市或股市行情上升时，这批人却大举买入股票。请牢记：利润是买来的，而不是卖出来的。

- **关注适当的地方。** 一位邻居以10万美元购买了一套公寓，我则以5万美元购买了与之相邻的相同的一套公寓。他告诉我他在等着价格上涨。我对他说他能获得的利润在他购买这套公寓时就已经确定了，而并不是在他出售时确定的。他是通过一位房地产经纪人来进行交易的，而这位经纪人却并没有属于自己的房产。我是在房产拍卖会上购买的。我花了 500 美元参加了一个学习班，学习如何在破产清偿部购买这类房产。

我的邻居认为花 500 美元上一个学习班未免太贵了，他说他没有钱，也没有时间，所以他只能寄希望于价格上升。

- **我首先寻找想买进的人，然后才去找想卖出的人。** 一位朋友想买一片地，他有钱，但没时间去找。我发现了一处地产，比我朋友想要的面积大一些。我打电话给朋友，他说想要其中一片，于是我买下了土地，然后把那一片卖给了他。我一直没有卖掉剩余的土地，它一直为我带来收益。这个故事的中心是：买下馅饼并把它切成小块。大部分人寻找的只是自己能付得起的东西，所以他们只看到较小的东西。他们只买一小块馅饼，却总是付出更高的价格。只盯着小生意的人是不会有大突破的。你如果想致富，就要首先考虑较大的生意。

- **考虑大生意。** 零售商喜欢提供数量折扣，就是因为大部分商人都喜欢大额购买的人。所以即使你的投资规模很小，你也可以多考虑考虑大生意。当我的公司想购买电脑时，我就打电话给几位朋友，问他们是否也要买电脑。接着我们到不同的零售商那里进行谈判，尽量压低价格，因为我们购买电脑的数量很大。我也以同样的方式买卖股票。小规模投资人善于小规模的动作，因为他们思考的范围太狭窄，他们总是单干，从不协同作战。

• **学习前人经验。**所有上市的大公司都是从小公司起家的。桑德斯上校在60多岁失去了所有财产之后才致富。比尔·盖茨在30岁以前就成了世界上最富有的人之一。

• **行动的人总会击败不行动的人。**

以上这些只是我过去曾经做过的事情中的一小部分，我将继续发现投资机会。最重要的是"做过"和"去做"。在书中我曾多次提到，在你得到财富的回报以前必须先行动。那么现在就行动吧！

讨论学习环节
第九章

还想要更多吗？
这里有一些要做的事情

Rich Dad, Poor Dad

第九章
还想要更多吗?
这里有一些要做的事情

本章小结

对于那些想要一份具体的行动指南清单的人来说,可参考以下罗伯特的做法。

• **停下你手头的活儿。** 休息一下,评估一下你的做法中哪些有效,哪些无效。

• **寻找新的思想。** 到书店搜寻能提供独特、与众不同这类主张的书。乔尔·莫斯科维茨的《收益率达到16%的方法》这本书教会了罗伯特新的东西,并促使他采取行动。

• **找一些做过你想做的事情的人。** 请他们和你一起共进午餐,向他们请教一些诀窍和技巧。

• **参加辅导班、阅读和参加研讨会。** 罗伯特从报纸和互联网上搜索新的、有趣的课程。

• **提出多份报价。** 你根本就不知道什么价格才是"合适"的,除非有另一处同样的交易作为参照。大部分卖主的要价过高，很少有要价低于标的物的实际价值。做买卖就是一场有趣的游戏。你提出报价之后，就会有人跟你达成购买意向。记得使用"免责条款"来做报价。

- **每月在某一地区慢跑、散步或驾车10分钟左右。** 罗伯特在慢跑过程中发现了他投资中最好的房地产项目。他会常常固定在某一邻近的社区慢跑，为的是发现某些变化。一桩交易要赢利，必须具备两个条件：一是廉价，二是有变化。市场上有许多廉价交易，但只有存在变化，才能使廉价交易变得有利可图。这样做每月只需要花很少时间，同时还能做其他的事情，比如锻炼锻炼身体，或去商店走走看看等。

- **为什么消费者总是穷人？** 每当超市大减价，如卫生纸打折时，消费者就会涌入超市抢购。而当股票市场上出现股价下跌时，也就是大多数人所说的股市下挫或回调时，购买者却急于从中逃出。记住：利润在购买时就已确定，而不是在出售时获得的。

- **关注适当的地方。** 邻居以10万美元购买了一套公寓，罗伯特则以5万美元购买了与之相邻的、相同的一套公寓。邻居告诉罗伯特他在等着价格上涨。罗伯特对邻居说他能获得的利润在他购买这套公寓时就已经确定了，而并不是在他出售时确定的。邻居是通过一位房地产经纪人来进行这笔交易的，而这位经纪人却并没有属于自己的房产。罗伯特则是在一家银行的破产清偿部购买的。罗伯特曾花500美元参加了一个学习班，学习如何在破产清偿部购买这类房产。

他的这位邻居认为花500美元上一个学习班未免太贵了，还说自己没有钱，也没有时间，所以只能寄希望于价格上升。

• **首先寻找想买进的人，然后才去找想卖出的人。** 买下一大块馅饼并把它切成小块。大部分人寻找的只是自己能付得起的东西，所以他们只看到较小的东西。他们只买一小块馅饼，却总是付出更高的价格。只盯着小生意的人是不会有大突破的。你如果想致富，就要首先考虑较大的生意。

• **考虑大生意。** 零售商喜欢提供数量折扣，就是因为大部分商人都喜欢大额购买的人。所以即使你的投资规模很小，你也可以多考虑考虑大生意。小规模投资人善于小规模的动作，因为他们思考的范围太狭窄，他们总是单干，从不协同作战。

• **学习前人经验。** 所有上市的大公司都是从小公司起家的。桑德斯上校在60多岁失去了所有财产之后才致富。比尔·盖茨在30岁以前就成了世界上最富有的人之一。

• **行动的人总会击败不行动的人。** 在你得到财富的回报以前必须先行动。那么现在就行动吧！

附加问题

现在是时候将这一章的故事和你对罗伯特的话的理解运用到自己的生活中去了。问问自己下面这些问题,并和自己的学习伙伴讨论。一定要对自己和你的学习伙伴诚实。如果你不喜欢自己给出的答案,问问自己是否愿意改变或者接受改变自己想法和心态的挑战:

1. 这份行动指南清单是激励你前进或还是让你退缩?
2. 在这份行动指南清单中,你已经采取了哪些行动?
3. 阅读完这份行动指南清单之后,哪一项是你没有进行深思熟虑或真正实施的?你可以采取什么行动以把它付诸于实践中?

读书笔记

读书笔记

结束语

我很高兴与读者一起分享最后一种思路。

我写作本书的主要原因是与读者分享我对财商的一些领悟。在我看来,通过提高财商可以解决生活中的一些基本问题。如果没有受过理财训练,我们往往都会选择一种标准的模式度过一生,例如辛苦工作、储蓄、借款和缴纳本不应该缴纳的税。然而今天我们比以往更需要更好的生活模式。

我把今天许多年轻家庭面临的财务问题,作为最后一个有关财务问题的例子。你怎样才能付得起使孩子受到良好教育的费用,同时还能使自己在退休后享受舒适的生活呢?你只能运用财商而不是凭借辛苦的工作来达到这些目标。

我的一个同学感到很担心,因为存钱供4个孩子上大学非常困难。他每月把300美元投资于教育基金,从而积累了1.2万美元。他要在12年里存够这笔钱,因为最大的孩子已经6岁了。

当年,凤凰城的房地产市场一片萧条,人们纷纷抛售房产。我建议我的同学拿出教育基金里的一部分资金来购买一处房产,这个主意打动了他,于是我们开始讨论这种方案的可行性。他担心的主要问题是银行不会给他贷款买另一套房子,因为他贷的款太多了。我向他保证，除了银行外还有其他的融资途径。

我们花了两周时间找到一处房子，它符合我们所有的要求。因为有许多房子可以选择，所以购买的过程也饶有趣味。最后，我们找到了位于邻近地区的一处三室两卫的房子。房主降价销售，希望当天就能把它卖出去，因为他和家人要搬到加利福尼亚州，那里有一份新的工作在等着他。房主要价10.2万美元，但我们只报价7.9万美元，他立即接受并同意我们支付10%的首付。我朋友只要拿出7900美元即可拥有这处房产。房主一搬走，我的同学就将房子租了出去，除去支付的所有费用，包括抵押贷款利息，每月还有125美元的进账。

他计划持有这处房产12年，用每月125美元的收益归还贷款本金，以尽快还清抵押贷款。我们预计在12年里可以偿还大部分的抵押贷款。当他的第一个孩子上大学的时候，他每月可以净得800美元，如果那时候价钱合适，还可以卖掉房子。

三年后，凤凰城的房地产市场出现转机，我同学的房客住过一段时间后非常喜欢这栋房子，于是想出价15.6万美元将房子买下来。他又来问我的看法，我自然主张利用1031条款卖掉。

一时之间，他拥有了大约8万美元可以用来投资。我给在得克萨斯州奥斯汀的一位朋友打了个电话，她旋即将这笔递延税收的资金转移到她组建的一间小型仓储库去了。不到3个月我的同学就开始收到每月将近1000美元的收入。他把这笔钱再投入到大学共同基金中去，现在这笔基金增值得更快了。几年后，这间小型仓储库被卖掉了，他从这笔交易中获得了约33万美元。然后，他又把这笔资金投入到另一个项目中去，每月能给他带来3000美元的收入，这笔收入又被投入大学教育基金。他现在非常自信，他能够很轻松地存够孩子们的上学费用。

而他一开始投进去的只有区区7900美元和一点点财商。他的孩子们可以得到他们想要的教育，他也可以将部分收入投入他的公司，来支付退休金。由于采取了这一成功的投资策略，他就可以提前退休了。

谢谢你阅读这本书，我希望它能提供一些思路来利用金钱的力量为你工作。今天，即使只是为了生存下去我们也需要提高自己的财商。只有工作才能赚钱的思想是在理财上不成熟的人才有的。这并不意味着他们不够聪明，他们只是没有学到挣钱的学问。

金钱是一种观念，如果你想要更多的钱，只需改变你的思想。任何一个白手起家的人都是在某种思想的指导下，从小生意做起，然后不断做大。投资也是如此，起初只需投入一点钱，最后增长到很大数额。我遇到过许多人，他们耗费一生来寻找大生意，或者想筹集一大笔钱来做大生意，但是对于我来说，这种做法愚不可及。我见过太多的幼稚的投资者，他们将大量的资金投入一项交易，然后很快就赔掉了大部分钱。他们可能是好职员，但肯定不是优秀的投资者。

有关金钱的教育和智慧是非常重要的。早点动手，买一本好书，参加一些有用的研讨班，然后付诸实践，从小笔金额做起。我用了不到6年的时间将5000美元变成100万美元，每月还产生

5000美元的现金流。当我还是孩子的时候就开始学习了。我鼓励你学习,因为这并不困难。事实上,只要你找到窍门,一切都会十分容易。

我想我已经把我的意思讲清楚了。你的想法决定着你能获得什么。金钱是一种观念,有一本很棒的书叫《思考致富》,而不是"努力工作致富"。让金钱为你辛勤地工作,你的生活将会变得更轻松、更幸福。更聪明,而不是更安全地去投资吧!

三种收入

在会计领域里,有三种不同的收入:
1. 劳动性收入。
2. 投资组合收入。
3. 被动收入。

当穷爸爸对我说"去上学,考高分,然后找一份稳定的工作"时,他是在建议我为劳动性收入而工作。当富爸爸说"富人不是为钱而工作,而是让钱为他们工作"时,他谈论的是被动收入和投资组合收入。大多数情况下,被动收入是指来自房产投资的收入。而投资组合收入是指来自纸资产的收入,如股票和债券。让比尔·盖茨成为世界首富的正是投资组合收入,而非劳动性收入。

富爸爸常说:"变富有的关键是拥有尽快将劳动性收入转换成被动收入或投资组合收入的能力。"他还说:"劳动性收入的税赋是最重的，而税赋最轻的收入则是被动收入。这也是为什么你要让金钱为你努力工作的另一个原因。政府从你努力工作所得的收入中收的税比你的金钱为你努力工作所得的收入所收的税还高。"

在我的第二本书《富爸爸财务自由之路》中，我阐释了组成商业领域的四种不同人群。他们分别是E类（雇员）、S类（自由职业者）、B类（企业主）和I类（投资人）。大多数人去学校学习，最终成为E类和S类的人。《富爸爸财务自由之路》描述的是这四类人的根本区别以及人们如何改变他们所处的象限。事实上，我们的大多数产品是为B象限和I象限的人群打造的。

在"富爸爸"系列的第三本《富爸爸投资指南》这本书中，我详述了将劳动性收入转化成被动收入和投资组合收入的重要性。富爸爸常说："真正投资者所做的就是将劳动性收入转化成被动收入和投资组合收入。如果你非常清楚自己在做的事情，那么投资就不具有风险。这是常识。"

20年后的今天
任务：财商教育

您可能会读到的"富爸爸"系列的新书：
《富爸爸第二次致富机会》
《富爸爸为什么富人越来越富》
《富爸爸那些比钱更重要的事》

实现财务自由的关键

实现财务自由和获得巨大财富的关键取决于一个人将劳动性收入转化成被动收入或投资组合收入的能力。富爸爸花了很多时间来教迈克和我掌握这项技能。拥有这项能力使我和妻子实现了财务自由，再也不需要去工作。但我们继续工作，因为这是我们自己做出的选择。现在我们拥有一家房地产投资公司，可以产生被动收入，同时参加股票的私人配售和IPO上市以获得投资组合收入。

我们还创建了一家财商培训公司，以便我们能继续创作和发布新书和游戏。我们推出的所有教育产品都是富爸爸教我的那些技能，即如何将劳动性收入转化成被动收入和投资组合收入的技能。

《富爸爸现金流》游戏是很有价值的，因为它会教给你书本上没有的东西。比如，你绝不可能仅通过看书就能学会骑自行车。我们设计的《富爸爸现金流》游戏（成人版）和《富爸爸现金流》游戏（少儿版）可以教授玩家将劳动性收入转化成被动收入和投资组合收入的基本投资技能。它还教授一些会计学原理和财商基本素养。《富爸爸现金流》游戏是世界上唯一能同时教授人们这些技能的教育产品。

正如富爸爸所说："真正的投资者在市场上涨和下跌时都能赚钱。他们能赚更多钱的原因之一仅仅是因为他们拥有更多的自信。他们拥有更多的自信是因为他们没那么害怕失败。"换句话说，普通投资者赚不了那么多钱是因为他们非常害怕赔钱。普通投资者不懂得如何预防损失，而这个正是《富爸爸现金流》游戏所教的内容。

普通投资者认为投资是有风险的，那是因为他们还未被正式培训成为专业的投资者。正如美国最富有的投资者沃伦·巴菲特说的"风险来自于你不知道自己在做什么"。我的《富爸爸现金流》游戏能在人们玩乐时教给他们基础投资和技术投资的简单基础知识。

我偶尔听到有人说"你的游戏太贵了",这因此引发了关于投资回报率或者付款后的回报价值问题。我点头并回答道:"是的,或许它很贵,尤其是跟娱乐类棋盘游戏相比较来说。但是,我的游戏远没有'接受大学教育、一生努力工作只为赚取劳动性收入,并且缴纳过高的税,然后生活在恐惧中,担心失去你在投资市场上的所有钱'来得贵。"

当有人喃喃地说着价格离去时,我仿佛听到富爸爸说:"如果你想变富有,你必须明白自己努力所获取的是哪种收入,怎么拥有它,以及如何预防损失。这是致富的关键。如果你不懂得那三种收入的区别,也不学习如何获得并保护那些收入的技能的话,那么你有可能辛劳工作一辈子,即便如此,你赚取的钱还会比你本应该赚取的少很多。"

穷爸爸认为,想要成功,你必须接受良好的教育、找一份好工作,然后为之努力工作。富爸爸也认为接受良好的教育是重要的。但是,对他而言,迈克和我知道这三种收入的区别以及为哪种收入需要努力奋斗。对他而言,那是基本的财商教育。对于任何想努力获得巨大财富和实现财务自由的人来说,了解这三种收入的区别并学习如何获得不同收入的投资技巧是一项基本教育——财务自由是一种特殊的自由形式,而且只有少数人懂得这个。正如富爸爸在第一课中说道:"富人不为钱工作。因为他们懂得如何让钱为他们努力工作。"

富爸爸曾说:"劳动性收入是你工作得来的钱,而被动收入和投资组合收入则是为你工作的钱。"知道这小小的区别就已经对我的人生产生了重大的意义。或者,正如美国诗人罗伯特·弗罗斯特在他那首名为《未选之路》的诗的结尾处写道:"我独选此路,境遇乃相异。"

采取行动吧

上天赐予我们每个人两样伟大的礼物:思想和时间。你可以运用这两件礼物去做你愿意做的事情。每一美元钞票到了你的手中,你,且只有你,才有权决定自己的前途。愚蠢地用掉它,你就选择了贫困;把钱用在负债项上,你就会成为中产阶级;投资于你的头脑,学习如何获取资产,富有将成为你的目标和你的未来。选择只能由你做出。每一天,面对每一美元,你都在做出自己是成为一个富人、穷人还是中产阶级的抉择。

你选择将这些知识与你的孩子分享,也就选择了帮助他们为适应将来的世界做准备,要知道没有其他人比你更适合来开启你的孩子的财商。

你和你的孩子的未来将由你今天,而不是明天做出的选择来决定。

我衷心希望你能运用上天赐予的伟大礼物——生命——来获取巨大的财富和更多的幸福。

——罗伯特·清崎

讨论学习环节
结束语

Rich Dad, Poor Dad

结束语

本章小结

罗伯特写作本书的主要原因是与读者分享他对财商的一些领悟。在他看来,通过提高财商可以解决生活中的一些基本问题。

他为我们分享了这样一个例子。

一个朋友一直担心如何能够攒够 4 个孩子上大学的教育费用。于是,他利用财商把最初花 7900 元首付在凤凰城购买的一个房子在几年以后变成一个每月能给他带来 3000 美元现金流的项目。只需要一点钱和财商便可开始你的财务自由之旅。

有关金钱的教育和智慧是非常重要的。早点动手,买一本好书,参加一些有用的研讨班,然后付诸实践,从小笔金额做起。金钱是一种观念,如果你想要更多的钱,只需改变你的思想。

在会计领域,有三种收入:劳动性收入、投资组合收入和被动收入。在大多数情况下,被动收入多来自房地产投资,投资组合收入一般来自股票和债券等纸质资产投资。

劳动性的税赋最高,而被动收入的税赋最低。富爸爸会说:"政府从你努力工作所得的收入中收的税比你的金钱为你努力工作所得的收入所征收的税还高。"

在罗伯特的第二本书《富爸爸财务自由之路》中,他阐释了组成商业领域的四种不同人群。他们分别是 E 类(雇员)、S

类（自由职业者）、B类（企业主）和I类（投资人）以及人们如何改变他们所处的象限。

在"富爸爸"系列的第三本《富爸爸投资指南》这本书中，罗伯特详述了将劳动性收入转化成被动收入和投资组合收入的重要性。

罗伯特和金发明的《富爸爸现金流》游戏是很有价值的，因为它会教给你书本上没有的东西。《富爸爸现金流》游戏（成人版）和《富爸爸现金流》游戏（少儿版）可以教授玩家将劳动性收入转化成被动收入和投资组合收入的基本投资技能。它还教授一些会计学原理和财商基本素养。

了解这三种收入的区别并学习如何获得不同收入的投资技巧是一项基本教育——财务自由是一种特殊的自由形式，而且只有少数人懂得这个。

上天赐予我们每个人两样伟大的礼物：思想和时间。你可以运用这两件礼物去做你愿意做的事情。每一美元钞票到了你的手中，你，且只有你，才有权决定自己的前途。每一天，面对每一美元，你都在做出自己是成为一个富人、穷人还是中产阶级的抉择。选择将这些知识与你的孩子分享，也就选择了帮助他们为适应将来的世界做准备。

附加问题

现在是时候将这一章的故事和你对罗伯特的话的理解运用到自己的生活中去了。问问自己下面这些问题，并和自己的学习伙伴讨论。一定要对自己和你的学习伙伴诚实。如果你不喜欢自己给出的答案，问问自己是否愿意改变或者接受改变自己想法和心态的挑战：

1. 读完这本"学习指南"后，你要做的第一件事是什么？
2. 你还在等什么？

读书笔记

提高财商的三个方法

方法一：阅读"富爸爸"系列书籍

财富观念篇
《富爸爸穷爸爸》
《富爸爸为什么富人越来越富》(《富爸爸穷爸爸》研究生版)
《富爸爸财务自由之路》
《富爸爸提高你的财商》
《富爸爸女人一定要有钱》
《富爸爸杠杆致富》
《富爸爸我和埃米的富足之路》
《富爸爸那些比钱更重要的事》
《富爸爸第二次致富机会》

财富实践篇
《富爸爸投资指南》
《富爸爸房地产投资指南》
《富爸爸致富需要做的6件事》
《富爸爸穷爸爸实践篇》
《富爸爸商学院》
《富爸爸销售狗》
《富爸爸成功创业的10堂必修课》
《富爸爸给你的钱找一份工作》
《富爸爸股票投资从入门到精通》
《富爸爸为什么A等生为C等生工作》
《富爸爸8条军规》

财富趋势篇
《富爸爸21世纪的生意》
《富爸爸财富大趋势》
《富爸爸富人的阴谋》
《富爸爸不公平的优势》

财富亲子篇
《富爸爸穷爸爸（少儿财商启蒙书）》(适合3~6岁)
《富爸爸穷爸爸（青少版）》(适合11岁以上)
《富爸爸巴比伦最富有的人》(适合11岁以上)
《富爸爸发现你孩子的财富基因》
《富爸爸别让你的孩子长大为钱所困》

财富企业篇	《富爸爸如何创办自己的公司》
	《富爸爸如何经营自己的公司》
	《富爸爸胜利之师》
	《富爸爸社会企业家》

方法二：玩《富爸爸现金流》游戏

《富爸爸现金流》游戏浓缩了《富爸爸穷爸爸》一书的作者——罗伯特·清崎三十多年的商界经验，让我们在游戏中模仿和体验现实生活的同时，告诉游戏者应如何识别和把握投资理财机会；通过不断的游戏和训练及学习游戏中所蕴含的富人的投资思维，来提高游戏者的财务智商。

扫码购买《富爸爸现金流》游戏

方法三：关注读书人俱乐部微信公众号，在读书人移动财商学院学习财商知识

北京读书人俱乐部微信公众号由北京读书人文化艺术有限公司运营，为富爸爸读者提供既符合富爸爸理念又根据中国实际情况加以完善的财商相关课程，帮助读者系统地学习和掌握富爸爸财商的原理、方法和实操技巧，助力富爸爸读者的财务自由之路。

readers-club

扫码关注读书人俱乐部
开始学习

图书在版编目（CIP）数据

富爸爸穷爸爸/（美）罗伯特·清崎著；萧明译 . — 2 版 . — 成都：四川人民出版社，2019.6（2025.4 重印）
ISBN 978-7-220-11404-5

Ⅰ . ①富… Ⅱ . ①罗… ②萧… Ⅲ . ①私人投资–通俗读物 Ⅳ . ① F830.59-49

中国版本图书馆 CIP 数据核字（2019）第 115689 号

Rich Dad，Poor Dad：What The Rich Teach Their Kids About Money-That The Poor And Middle Class Do Not!
Copyright © 2017 by Robert T. Kiyosaki
This edition published by arrangement with Rich Dad Operating Company, LLC.
版权合同登记号：图进 21-2017-491

FUBABA QIONGBABA
富爸爸穷爸爸
〔美〕罗伯特·清崎 著　萧明 译

策划编辑	李真真　朱　鹰
责任编辑	唐　婧　袁　璐
出版统筹	王其进
融合出版统筹	袁　璐
特约编辑	张　芹　赵　晶
封面设计	朱　红
版式设计	乐阅文化
责任印制	王征征
出版发行	四川人民出版社　（成都三色路238号）
网　　址	http://www.scpph.com
E-mail	scrmcbs@sina.com
新浪微博	@ 四川人民出版社
微信公众号	四川人民出版社
发行部业务电话	（028）86361653　86361656
防盗版举报电话	（028）86361653
照　　排	北京乐阅文化有限责任公司
印　　刷	三河市中晟雅豪印务有限公司
成品尺寸	152mm×215mm　1/32
印　　张	11.5
字　　数	247 千
版　　次	2019 年 7 月第 2 版
印　　次	2025 年 4 月第 12 次印刷
书　　号	ISBN 978-7-220-11404-5
定　　价	89.00 元

■版权所有·侵权必究
本书若出现印装质量问题，请与我社发行部联系调换
电话：（028）86361656